吉田和男

現代に甦る陽明学

『伝習録』（巻の上）を読む——桜下塾講義録

晃洋書房

はじめに

私は、平成八年に京都の洛北の地である松ヶ崎で私塾「桜下塾」を始めました。王陽明の代表的著作である『伝習録』をテキストとして、経営者、サラリーマン、学生、自営業者、公認会計士、弁護士、主婦などいろいろな人が集う陽明学の読書会を行ない、毎月第一土曜日に、『伝習録』の輪読・読解と、それについての議論を行なってきました。この塾には、老若男女、職業もさまざまな人が、それぞれ自分の立場で陽明学を勉強して、それを軸に自分の人生を考えるために集まっています。

この塾での講義は、現代社会から見た「陽明学の再構築」を目的としてきました。ここでの講義が『伝習録　巻の上』を終わったところで、それまでの講義録をまとめたのが本書です。これによって今日混迷の中にある日本人の精神の再構築に何らかの役に立たないかと考えて出版することにしました。

本書に先立ち、私は平成十一年に『桜の下の陽明学』を上梓しました。その目的は、筆者の陽明学に対する「思い」を軸に、王陽明思想の全体像を提示したいということでした。本書は前著の目的をさらに深く展開し、王陽明の思想をより深く理解することで、現代社会に「陽明学」を甦らせたいと考えたのです。王陽明研究の第一段として、『伝習録　巻の上』に関連した部分を現代社会において意義ある形に解釈し直して、陽明学を現代に生かすことを目指しました。

王陽明の主著である『伝習録』は、王陽明の講義や弟子との問答を、弟子たちが聞き書きしたものや往復書簡などを集めたものです。このために、全体として体系的な書物になっていません。内容が重複したり、議論が前後していたりして、非常に読みにくい書物となっています。それを整理して、王陽明の思想の流れができる限りわかるように努力しました。

そのために、本書では『伝習録』の各章を順次解説してゆくのではなく、王陽明思想のキーワードに沿って再編成し、王陽明の考えを現代の目で整理し直すことにしました。

儒学では原典が漢字で書かれているために、表意文字である漢字の意味を手掛かりに解釈を加えることができます。そこで、中国古典を勉強する場合には、まず「字義」を追いかけることになります。しかし、このため「字義」からの解釈だけで事足れりとする「訓詁注釈」に陥ることが通例になってきました。日本人の場合、中国古典から立派な言葉を知りたいという動機で勉強することが少なくないので、このような傾向に陥ることも自然なことです。しかし、字面だけの解釈を追うのであれば、儒学を勉強する意味はないのです。

王陽明も「口耳の学（口で言って耳で聞くだけの学問）」を排除することを主張しています。すなわち、現代における王陽明の意義を十分に吟味し、現代社会で何かを実践してゆくために参考となる点を探りながら読まねばなりません。その際、中国・明代の思想家である王陽明と現代では時代が違うので、この時代のギャップを越えるための工夫が必要になります。そのうち最も重要なものが、時代を越える「心」です。その心が我々を実践に差し向かわせてゆくのです。また、逆に相当、大胆な解釈をしなければ、現代社会に通じないところもあります。

したがって、現代に生きる我々は、現代社会に生きる人間としての行動に関して、王陽明から何を学ぶべきかを明らかにして読まなければなりません。桜下塾を始めたのも、陽明学について書くようになったのも、今日、王陽明の考えが非常に重要な役割を果たすような時代になっていると考えたからです。

筆者の着目しているのは王陽明の「万物一体の仁」という考えです。今日の社会は、種々の専門分野に分業化され、人々は自分の仕事に専念することを求められます。このため、例えば会社の中でも自分に与えられた仕事はわかっていても、ほかの部署についてはほとんどわかっていないのが現実です。まして、社会全体や自然全体を理解することは非常に難しいことになっています。このために、自分の仕事はできて、自分の役割は果たしていても、常に不安に苛《さいな》まれることになります。そして、それ故に、人のために役に立ちたいと思っても、それを実行に結び付けることが難しくなります。

ここで、王陽明の「万物一体の仁」が重要な役割を果たします。「万物一体の仁」とは、すべてのものは心を通じてつながっている、とする考え方です。特に、人々は心を通じて結び付いており、心が通じておれば、自分は何をすべきかがわかることになります。そして、それは行動となって、「仁」をなすことになり、このことから、「知っておれば行なっているはず」という「知行合一」が主張されることになります。

現代社会では、自分の利益は組織によって守られるのが当たり前と考えられています。これに対し、陽明学では、個人は社会と一体となって全体のためになることを実践せよ、と教えます。この陽明学の教えは、自分の仕事と自分の世界のほかのことには関心すら持たないという現代社会の悪弊を打破し、実践への勇気を奮い起こさせてくれるのです。この実践を行なうのに少しでも役に立てればよいと思って執筆したのが本書です。

また、儒学に関する書籍の多くは、大学の文学部に在籍する儒学研究者によるものですが、私は社会科学の研究者の立場から『伝習録』を読めば違った見方ができるのではないかと考えて、陽明学の研究に取り組みました。社会科学は、まさに儒学の目的である「明明徳」（道徳が支配する社会を作る）を実現し、「親民」（人民を教化し、養う）が目的であり、その結果、「至善」（完全な善の状態を実現する）を実現するための科学です。科学ですから、その手続きに独特の方法をとることになりますが、その心は同じです。「自らの心を育てる」ことも重要な儒学の目的ですが、それだけでは仏教や道教と同じであると王陽明が強調しているように、陽明学では「社会・人民を救う」ことこそが学問の目的ということになります。実際、日本でも、歴史上の社会改革派やいわゆる経世家に陽明学の影響を受けた者が多いのはそのせいでしょう。

筆者のように社会科学の研究を続けてきた者がこのような東洋思想の分野を研究し、広く講義することを問題視する人もいるかもしれません。東洋思想の研究者は中国だけでなく、日本にも韓国にも大勢いて、これらの人々による厖大な研究蓄積があります。筆者は必ずしもこれに精通しているわけではありません。しかしながら、私は儒学、特に陽明学は単なる哲学・文学ではなく、実践活動によって民を救うことを目的とする社会科学だという考えに立って研究に取り組んできました。

日本で儒学が社会一般に広く本格的に導入されたのは江戸武士によってでした。その主流は言うまでもなく、朱子学でした。同時に、日本人の精神に親和性の強い陽明学も在野の学問として普及します。中江藤樹、熊沢蕃山、佐藤一斎、大塩平八郎など多くの武士は陽明学を勉強して、当時の社会的指導者としての武士のあり方を追求したのです。

実際、過去においても、このような東洋思想を研究し、講義してきたのは論語読みという文献学者、文学者だけではありません。江戸期の儒学者の多くは社会科学者であり、「経世済民」を目指していたのです。すなわち、現実の社会に生きる精神として儒学を研究・講義してきたわけです。今日でいうところの大学の法学部や経済学部に当たる分野も儒学者の重要な分野であったのです。これが近年では、経世済民の学であるべき経済学はアメリカからいわゆる近代科学の派生の学として輸入するだけで、多くの経済学者はあまり東洋思想に関心を持っていません。東洋思想を研究するのは「東洋学」の研究家に限られることになったのです。

しかも、戦前までの学者の多くはこの儒学を中心とした東洋思想の基本的トレーニングを若いうちに受けており、どのような研究分野であろうと東洋思想の発想をその根底に持っていたわけです。実際、明治期に近代を受け入れた人々は「和魂洋才」として、東洋思想の上にヨーロッパの近代思想を取り入れることに努力したのでした。この和魂に儒学を入れるかどうかは議論があると思いますが、儒学の思想を含めて日本の伝統思想の上にヨーロッパの近代科学を取り入れたところに、当時の日本の学者の偉大さがありました。今日、日本の学問の伝統はほとんど消えてしまい、いわゆる近代科学一辺倒の時代になっています。そして、それがもつ多くの矛盾や限界が明らかになるにつれて、かつて日本人が模索した和魂洋才の姿勢の復活が求められているのです。(日本の陽明学に関する筆者の考え方は『日本人の心を育てた陽明学』〔恒星出版、平成一四年〕にまとめてありますのでご参照下さい。)

このことから考えれば、儒学の研究はむしろ社会科学者の仕事ではないかと、私は考えています。王陽明が指摘しているように、儒学が仏教や道教と違うのは民を救うことが目的にあるからです。すなわち、もともと儒学は政治経済の議論なのです。そして、儒学は経済学の語源である「経世済民の学」なのです。日本の陽明学というと大塩平八郎や吉田松陰といった革命家を思い起こしますが、陽明学者は熊沢蕃山や山田方谷といったむしろ経世家、財政家として活躍しているのです。

民を救うことを基本としているのが日本の陽明学でした。もっとも革命家も民を救うことを目的にしていますから心では同じでしょうし、いずれにしろ社会科学者なのです。すなわち、逆に、社会科学者こそ陽明学を心に置く必要があるように思います。そして、現代社会を考え、日本を改革するためには王陽明を勉強すべきであると考えたのです。このような考えから本書では、筆者が桜下塾で行なった講義録を軸に現代社会における陽明学の意味をできる限り書き込むこととしています。

日本人は明治以降、近代ヨーロッパの科学や思想を輸入するのに最大限の努力を行なってきました。しかし、それは日本人にとってしっくりなじんだものではありませんでした。それなりに、日本流に解釈して吸収してきたのです。ところが当のヨーロッパの思想自体が大きく転換を余儀なくされているのです。もともと「科学」という考え方は極めて特殊な議論なのです。もちろん、その有効性は極めて高いものであり、それが欧米の力の源泉であったのは間違いのないところです。科学という学問領域での議論は「反証可能な」命題に関する議論に限られることになります。しかし、現実の社会は、これを厳密に適用することができません。そこで、「科学」の方法自体が大きくパラダイム転換を起こし、「複雑系科学」といったものに移ろうとしています。ところが「複雑系」という今日の最先端の科学の発想は、実はすでに東洋思想では常識なのです。現に、近代西洋哲学が確立した後でも、多くの西洋の哲学者がこの東洋思想にも注目してきたのです。言うまでもなく、王陽明の思想も東洋思想の典型的な存在であるわけです。

したがって、現在、多くの東洋思想の研究者が行なっている研究分野は不可欠のものですが、同時に社会科学者はこの日本が近代に遭遇したときの原点に戻るべきだと考えます。すなわち、どういう解釈が妥当なのかということを文献学的に解釈する立場と違って、社会科学者として現代の社会に王陽明の考えをどう活用してゆけばよいのかを考えなければならないのです。

本書は、『伝習録』を読みながら社会科学者として、それを現代にいかに甦らせることができるかを考えたことを記したものです。古典の最も優れている点は誰もが自分の立場で読むことができることにほかならないと思います。もっとも巨大な研究の蓄積の上に東洋思想の研究は存在すべきものであり、他分野の者の思いつきで行なうものでないのは重々承知しているつもりです。しかし、あえてこれに取り組んだのには、現在の社会および社会科学に不足している重要な要素が、この陽明学の中にあると考えたからです。

今日の社会で求められるものの一つは「心」です。そしてもう一つは近代科学を超克する認識論です。「科学だけで割り切れない、心が重要だ」と盛んに議論されています。しかし、現実の論争は掛け声ほど内容のあるものではありません。この点で、儒学、特に陽明学は「心学」という立場をとってきました。陽明学の「万物一体の仁」という考えはまさにこの現代人の病理を癒す最大の薬になるのです。王陽明の根本には、草木瓦石にまで心を思いやる精神がありあます。そして、身命を賭して献身する心を養うのに陽明学は果てしない可能性を持っています。

今日の教育論において「心の教育」が必要であるとは誰もがいうことですが、具体的な提案が出ているわけではありません。今日の閉塞的な状況から人間として解放されるために必要なものは、すでに過去に山のようにありながら、現代の日本人がただ知らないだけなのです。例えば、佐藤一斎の言葉を毎日守っておれば、それだけで実に豊かな人生だと思います。ただ、それに飽き足らないところもあるかもしれません。すなわち、儒学が日本人に与えたのは一つの型でした。自然に対する畏敬と親しみを持っていたのは日本人の特徴でした。しかし、それだけでは社会秩序を作り、それに自らの役割を位置付けることは難しいことでした。それに解決を与えてくれたのが中国思想の儒学であったように思います。そして、現代人はまさにそれが出来なくて悩んでいるのです。したがって、本来的には今日ほど儒学が求められる時代はないと思います。

さらに、儒学が重要な役割を果たすもう一つの道は、近代科学を超克する認識論です。近代科学はデカルト以来、現象や物質を要素に還元してその性質を探り、これを総合して全体を理解しようという方法でした。この方法が極めて重要な機能を果したのは言うまでもありません。しかしながら、今日この方法が限界に来ていることは科学の分野で随所に見られるようになりました。これは「要素に還元して理解する方法」が「要素の関係を無視する方法」に基づいているためです。これがあるために、理論が簡単で明確になるのです。すなわち、原因と結果を区分してその因果関係を捉えることに意味を見いだすことになります。ところが現実はそれほど簡単ではないのです。すなわち、要素間に関係があると原因と結果を分離することができず、要素に還元したとたんに性質が異なってくるのです。いわゆる「複雑系」という考えがそれです。

朱子学は「事事物物」に「理」があるとし、デカルト以来の近代科学に似た構造を持っています。これに対して、複雑系は分析で捉えられないことが基本になります。王陽明の主張する「万物一体の仁」はまさにこのような複雑系の状況を示しているのです。陽明学を研究することは科学に新しい視点を導入することにもなります。特に、社会科学においては「複雑系」として理解することが極めて重要なのは言うまでもありません。社会が人間の「関係」で出来ているのは明らかであり、これを無視しては何の意味もないのは当然のことです。これを考えてゆく上で陽明学は重要な役割を果たすものと、私は考えています。

今日においても、人間としてのあり方、社会における自らのあり方を真剣に考えることは学問の基本です。いまこそ、「心」を基本として「社会」において行動する学問が必要な時期と考えています。江戸武士と違った意味での行動原理を探るために、今日の社会にとって意味のある陽明学を共に勉強することを本書は狙っています。

　したがって、「現代に生かす陽明学」を求め、これによって「現代に甦る陽明学」となることを望んでいます。これまでの日本人が普通にやってきたことが実践できないはずはない、というのが「立志」の基礎です。

　本書は、陽明学の基本書である『伝習録』を私なりに解釈して、この考え方を今日の社会・人間の生き方に生かす方法を示したものです。平成八年から、桜下塾で行なってきた講義を軸として、現代において役に立つ王陽明の思想を示そうとするものです。

　もともと王陽明の議論は「複雑系」ですから非常に分かりにくいものです。一見、矛盾することが少なくありません。また、循環論法的なものが少なくありません。王陽明には「一《いっ》」、すなわち、世のことはすべてどこかで結びついていて一つの全体を形成していること、またすべての議論は同じ事を角度を変えて議論しているにすぎないことを強調する議論が多いために、すべて同等であって重要性に順序がないことが王陽明の議論の常なのです。

　王陽明は「分けること」自体がよくないと主張します。「分けること」に「人欲」を見いだすのが王陽明です。何か物を考える、観察するときに「分け」ようとするのは、そこから利益を得ようとしているからだと批判するのです。天理に従って考えれば、分ける必要はないと言います。分けるとは「分析」のことで、したがって分けないことは分析しないことを意味します。議論を聞いている方は、当然わかりにくくなります。特に、順次論理を追って分析的に理解しようとする方法を基本に教育を受けた者にとって分かりにくいものであることは間違いのないことです。直観によって全体を理解することを求めるのが陽明学です。とはいっても、そのような超越的な考えを説明することは容易ではありません。本書では、これをできる限り分かりやすいものに整理し、解説することに努力しました。

私は、今日の日本社会を改革してゆくためには陽明学は極めて重要な役割を果たすものと確信しています。ある程度の「クセ」は我慢して読んでいただければ、我々の現実の日常生活の中に「善なる生活」を実現できるなにがしかのヒントが得られるものと信じています。

また、原文の該当箇所を容易に探していただけるように『伝習録』のどの部分の議論かが分かるように文中に節の番号を入れてありますので、本書に続いて、原文にも触れてみられるようおすすめします。

現代に甦る陽明学——目次

現代に甦る陽明学

『伝習録』(巻の上)を読む――桜下塾講義録

第1章　陽明学とは

1　今なぜ陽明学か

「陽明学」という言葉を聞いたことのある方は少なくないと思います。中国の明代に現れた儒学の一派であることもご存じの方もおられると思います。また、日本では大塩平八郎、吉田松陰など江戸期の革命家の指導原理であったことは何かの本で読んだという記憶もあるでしょう。しかし、陽明学は革命の学だけでなく、現代の社会にも通じる「心」を育てる学問なのです。草木瓦石にまで心を思いやる「心学」――「心」の学問――がその特徴になっています。本書もその点を強調しながら検討してゆきます。王陽明は今で言えば官僚で、軍人でしたが、優れた思想家、教育者であり心豊かな優しい精神の持ち主だったようです。

儒学は孔子を祖とする中国の古典的思想であり、アジアの多くの国で指導的原理になってきたものです。中国、韓国、日本は儒学国家というような言われ方をします。しかしながら、今日の日本では、一部の熱心な人を除いて儒学に対して関心を持つ人が少なくなったのは、時代の流れかもしれません。戦前、「国漢（国語と漢文）」は中等教育の大きな柱でしたが、戦後、漢文の中身が教育の分野で封建主義の思想というようなレッテルを張られて見向きもされなくなりました。これが人々に余り知られなくなった原因なのでしょう。高校では漢文を少しは勉強するのですが、漢文の教科書は非常に薄いものであったように覚えています。もっとも、当の中国人留学生に聞いても、儒学のことをほとんど知らないのが現状です。

儒学の特徴は、社会に生きる指導者の精神を示す「人間学」であり、政治を中心とした「社会科学」であることです。この意味で、何千年もの期間、その価値を維持してきたことは驚くべきことです。近代ヨーロッパに形成された経済社会システムを持つ現代においても、非常に深い内容を持つものです。したがって、何千年もの長きにわたって読まれ続けてきて、しかも新しさを失わない「古典」としての大きな役割を持つものです。

戦後、戦前に使われていた教科書がすべてＧＨＱによって否定され、その中で儒学も否定される運命を辿りました。ＧＨＱは非アメリカ的なものを非文明でオカルト的なものとして排除しました。そこで、多くの人は儒学とは軍国主義、封建時代の思想という印象を持つことになります。考えてみれば日本人は素直な民族です。戦前はいとも簡単に軍国主義に染まり、戦後はＧＨＱが示したシステムを無批判に受け容れています。この日本人の柔軟性は、むしろ驚くべきものかもしれません。

たとえば、韓国は戦前、日本のシステムを押しつけられたことを今でも恨んでおり、時々トラブルを引き起こしています。韓国では、ごく最近までは日本語の使用が禁止されていました し、日本文化の排斥は国家の大方針でした。しかし、戦後の日本が戦前の韓国と同じような立場に立たされると、韓国と違って誰も反発する者もなく、アメリカ文化にすっかり染まってしまいました。私はもう少し、自国で育まれた精神に関心を持ってもらいたいと思うのです。

儒学はもともと中国の思想であり、隣接国では特に韓国は儒学を取り入れるのに熱心な国でした。したがって、儒学が軍国主義で封建主義の思想であると規定することになると、中国や韓国は最も厳しい軍国主義国で、封建国家であることになります。もちろん、そんなことはありません。一般に儒学は文官の学問であり、軍事とはむしろ遠い存在なのです。

中国は周辺国に朝貢をさせて、冊封《さくほう》体制を敷いていました。しかしながら、中国や韓国にはいわゆるヨーロッパでの封建主義に近いと言われる日本の封建主義と同じ構造を持つ封建主義はなかったので、儒学はいわゆる封建思想とも関係はありません。すなわち、儒学は軍国主義とも封建主義とも関係がないのです。単に儒学を知らないGHQはその点を誤解し、その誤解を日本人は素直に受け入れてしまったのです。

そして、今日、日本社会は、その基本原理および教育の基本を失ったことの弊害にさらされています。占領政策の一環として「教育基本法」が作られましたが、そのときはまだ教育勅語は生きており、これを教育の柱にしようと考えていました。しかしながら、教育勅語はGHQの圧力で放棄させられ、逆にそれに相当するものが作られませんでした。そこで、戦後教育には教育行政の基本になるものはあっても、教育の基本になるものはなくなったのです。

そして、今日、盛んに「心」の問題が指摘されるようになっています。この点、儒学は最も心を問題とする仕組みになっているのです。科学万能時代は終わったといいながら「科学信仰」に陥っているのが現在の日本人ではないでしょうか。しかし、「科学」でわかることは世界の中のごく一部でしかありません。科学はデカルトやカントが生み出した「近代」という考え方の一部であり、それ自体はすばらしいことです。しかし、それが学問のすべてと見ることは、単に世の中を知らないだけとしか言いようがありません。

いずれにしろ、儒学を少しでも勉強すればそれが軍国主義や封建主義と何の関係もないことがわかりますし、陽明学も「革命」や「右翼」と何の関係もないことは直ちにわかるはずです。陽明学は「万物一体の仁」を主張し、単に人間だけでなく、先に述べたように草木瓦石にまで心を思いやる優しさと、「親民」という形で人々を何とか救いたいという高い「志」を持っており、それを基礎とした学問なのです。

儒学は宗教とする見方もありますが、日本人にとっては宗教と言うより先に述べた「人間学」や「社会科学」と見た方がよいと思います。これは科学と決して矛盾するものではありません。宗教とも矛盾するものではありません。儒学を仏教徒が読んでもキリスト教徒が読んでも何の不思議もありません。有名なキリスト教徒の内村鑑三なども陽明学の影響を受けていたと言います。

本書は今日、社会に「心」についての関心がなくなり、「物質追求・金儲け主義」「わがまま人間」「欲望優先」を是認する社会になっていることに対する大きな警鐘となり得るものです。さらに、現在の科学が陥っている罠を抜け出すための多くのヒントを持っているのです。また、新しい科学の「複雑系」という発想はすでに王陽明が提示していた方法論に近いものがあります。むしろ、陽明学は科学の新たな発展に極めて重要な役割を果たすものと考えています。

2　朱子学批判と心学の継承

陽明学を理解するために、まずその時代背景を説明しておきます。言うまでもなく、儒学は紀元前五〇〇年頃に孔子（紀元前五五一年〜四七九年）によって確立された学問です。孔子や孟子やその継承者の著書・言行録ないし編纂書である四書五経（論語、孟子、大学、中庸、詩経、易経、書経、礼記、春秋）を基本的なテキストとした学問です。

孔子は、古い時代の中国において実現していた殷や周の道徳を軸にした政治を復活させたいと考え、儒学を始めたのです。儒学は、人間の生き方や社会の治め方を説いた中国の極めて重要な思想でした。これが百済の王仁《わに》によって日本に伝えられたのは西暦二八五年のことでした。

儒学は「天」や「神霊」といったものも想定していますので、宗教であることは間違いありませんが、他の宗教よりむしろ「政治」を重んじているところにその特徴があります。もっとも、キリスト教もイスラム教も政治と結びついて国家形成に関与してきました。かつては宗教が国家形成と結びつくのは当たり前のことでした。しかし、儒学はそのような意味ではなく、直接、政治によって「人々を救い」、「道徳が支配」することを求める学問なのです。その点で、他の宗教とは少し違うように思います。

王陽明も儒学と仏教との違いを、「仏教は個人の救済を求めるものだが、儒学は人民の救済を求めるものであり、それが儒学の優れたところである」と強調しています。いずれにしろ、儒学は「明明徳（古代の名君とされる堯《ぎょう》や舜《しゅん》の行なった道徳による政治を実現すること）」を最大の課題としています。したがって、儒学を勉強すること自体、政治や社会を勉強することになります。そして、そのためにまずは「修身」を要求します。そこで、人間としてのありかたについての学問「人間学」としての側面を強く持つのです。

このように、儒学では、修身を実現した賢人が政治を行なうことが社会を立派にする方法と考えたのです。中国では、隋唐の時代以来、王朝が建てられると、その一族が権力者となりますが、具体的な行政は科挙試験を通った「士大夫」によって実施されてきました。すなわち、いわば今日でみれば上級国家公務員試験の合格者に行政を委ねてきたのです。士大夫は文官に当たり、教養人でした。当時の中国の人々にとって、儒学を勉強して士大夫になることは大きなあこがれでした。

特に、中国は漢民族以外の異民族に支配されることが少なくなかったのですが、その異民族に支配されていた時代にもこの士大夫によって行政が行なわれてきました。儒学は中国の複雑な支配構造の中で厳然と生き続けた「科挙制度」と深い関係にありました。

孔子が祖となっている儒学は、中国思想の系譜の中では主流派の立場にありました。中国にはもともと道教の底流があります。一方で仏教も重要な中国思想を形成していました。しかし、儒学も時代によって浮き沈みがあり、宋以前はそれほど大きな力を持たなかったときもあるようです。

これを大きく復活させたのが南宋の朱子（一一三〇〜一二〇〇）でした。朱子が活躍することになる宋代（北宋の成立は一〇八四年ですが、南宋の成立は一一三五年です）には、従来の科挙試験制度が強化されます。宋の太祖趙匡胤は自ら試験に立ち会うほどの熱心さでした。このために、皇帝と科挙との結びつきが強化された時代でした。そこで、儒学の重要性が高まった時期に、朱子学が生まれているのです。

朱子も王陽明も科挙試験に通った大秀才でした。儒学も長い歴史の中で、浮き沈みがあったのですが、朱子はその中で儒学を立て直した、いわば儒学の中興の祖でした。すなわち、朱子学は儒学のルネッサンスとも言うべき立場にあります。したがって、朱子学を以前の儒学と区別するために「新儒学」と呼ぶこともあります。

行政官である士大夫階級が依拠していた基本書が四書五経でしたので、儒学が如何に大きな役割であったかがわかります。科挙試験の受験勉強はこの四書五経を勉強することになるのです。すなわち、儒学の勉強によって「修身」を得た者が行政にたずさわり、「治国」を行なうことになります。

「士」はもともと男性のシンボルの象形文字です。日本では「武士」の意で使われていますが、中国では、むしろ文官である士大夫を示しています。もともと中国でも古代の士大夫は軍人階級でしたが、魏・晋以降は貴族階級となり、隋・唐代以降は科挙によって登用される官僚を意味するようになりました。日本でも江戸期に戦国の世が終わって、徳川家康は「文」によって世を治めようとしました。そこで、武士階級自身がこの士大夫の生き方を見習おうとして儒学の勉強に没頭したのです。しかし、中国とは違って、すでに支配者階級であった武士が儒学を勉強したのであって、儒学を勉強した人が支配者階級になったのではありません。もっとも、武士は儒学を勉強することによって出世を願ったことも間違いないようです。

日本では科挙制度は導入されませんでした。いわゆる儒教国で科挙制度を導入しなかったのは日本くらいでしょう。逆に言えば、日本はその意味でも儒教国でないのかもしれません。すなわち、儒学はその教えを政治において実現することを求めているので、その儒学に熟達した者が政治・行政の場を仕切るべきだということになります。

とはいうものの、江戸期の日本は儒学を武士が「治国（国を治める）」のための手段として導入しました。これによって武士に儒学が浸透しただけでなく、一般庶民にも儒学の影響が及ぶことになります。ただ、日本は儒学を取り入れたものの、中国のような形の政治・行政を導入することはしませんでした。しかし、明治以降の高等文官試験は西洋の知識を基礎とする科挙制度なのかもしれません。明治以降も「修己治人」の考えは続くことになります。

士大夫といっても、今の官僚と異なり、学者・教養人でもあり、政治家でもありました。したがって、官僚であるとともに、教育者であることも少なくありません。実際、朱子や王陽明もそのような存在で、多くの弟子を育てました。当時の士大夫階級は官僚としての仕事をするだけでなく、教養人として幅広い活動をすることもまれではなかったようです。

もっとも士大夫のすべてが立派な人であったとは限りません。一族のうちの一人が科挙試験に通れば、その家系は課税などの義務を免除され、多くの役得を得て、親戚中が楽をして暮らせたという話も聞きます。実際、王陽明は形ばかりの修身で役人になるようなことを厳しく批判しています。とはいうものの、士大夫階級は教養人として政治家、行政官、学者、教育者を兼ねて中国社会の中心的な位置にありました。朱子も王陽明もそのような科挙試験に合格し、官僚として役割を果たしながら大思想家として活躍した士大夫でした。

「陽明学」は中国の明代（一三六八年に成立）に生まれたこの儒学の一派であり、その開祖である王陽明が当時の儒学の主流派であった「朱子学」を批判することから始まった学問でした。王陽明が批判の対象としていた朱子学は宋代において生まれたいわゆる新儒学です。王陽明の時代にも朱子学は儒学の「超主流派」と言ったところでした。宋代と明代の間には元朝があり、一〇〇年ほどの間、中国はモンゴルの元に支配されますが、明朝が成立して再び漢人の国家に再構成されます。

　この宋代に起こった朱子学は、まさに儒学の大ルネッサンスでした。朱子の提起した儒学は当時、支配的なものとなりました。朱子学の考えは、『大学』に示された「明明徳（いにしえの明徳を明らかにする）」を実現するために「修身（身を修める）」を行なうのですが、そのためには「格物（物に至る）」が必要になります。そのために「究理（理を究む）」ことになります。それによって「新民（民を新たむ）」として教化により理を庶民にまで広めることによって「至善」となることが基本でした。

　このように「自分自身を修め、人を治めて天下を平らかにする」のは当時の中国の知識人にとって理想でした。朱子学は、この宋代以降の儒学の主流派となり、王陽明の活躍した時代である明代でも漢人の王朝のもとで絶対的な立場にありました。

　このため、当時、儒学といえば朱子学というのが常識でした。王陽明にとっても、まずは朱子学を勉強することが儒学の勉強でした。ただ、朱子が活躍した時代でも朱子学の訓詁解釈学的な方向に反対して、陸子（陸象山の敬称。一一三九〜一一九三）等による心学的傾向の儒学も流行していました。陸象山は朱子との間で盛んに論争を行なったことで有名です。陽明学は、この朱子に対する批判から始まっていますが、同時に陸象山の「心学」を引き継いだ儒学です。王陽明がこの陸象山の「心即理」の延長上に完成されたものが陽明学となります。

『伝習録』の中で、王陽明は朱子学のことを「後儒」と呼んで批判の対象としています。朱子が導入した四書五経の解釈に対して、王陽明は『大学』の格物の諸説において、「ことごとく舊本《きゅうほん》（古本）をもって正しとなす」としています（巻上　序）。すなわち、朱子学を「いわゆる誤本なるもの」として元の本に戻るべきとしています。これは程子が『礼記』中の『大学』に誤りがあるとして改訂をしており、朱子もそれを継いで『大学章句』を書き、以降、それが儒学の基本テキストとなっていたのです。この朱子学に対する批判が陽明学の最初のものです。

そして、この王陽明の講義を聞いた徐愛（王陽明の妹の夫で、弟子として『伝習録』の巻の上を執筆した者）は当初は驚きましたが、やがて先生の説は「水の寒たきがごとく、火の熱きがごとく、断断乎として、百世もって聖人をまちて惑わざるものなし」（序）と熱狂的な受け入れ方をしています。すなわち、当時の常識であった朱子学の絶対性を厳しく批判する王陽明に驚くわけです。

ただ、王陽明は、朱子学と自分の説の本質は違わないとも言っており、弟子が安易に朱子を批判することを咎《とが》めています。すなわち、王陽明は徐愛の友人が朱子の書を読んでその欠点を批判する者が多かったと言ったのに対し、「意見が違っていることを求める心があるのは良くない。自分の議論と朱子のものは時として同じではありません。門人になって勉強を始めたらわずかな違いも千里の差になるので、そのように議論しなければなりません。しかしながら、私の心と朱子の心はいまだ違っていません。朱子の行なった字句の解釈は明確で当を得ており、一字も動かす必要はありません」とまで言っています（巻上　99）。

このように、王陽明は朱子学も非常に優れたものであり、これを否定すべきものではないと言っています。朱子と「心」は同じであることを常に強調しながら、朱子を批判しているのです。しかしながら、儒学をどのように実践に生かすかといったときに朱子学と陽明学には大きな違いがあるように思います。

3　王陽明の人となり

陽明学は王陽明の人生の変遷に大きく依存しています。陽明学の魅力は王陽明の人間的魅力そのものであり、その人生自体がドラマティックであったことが影響しているように思います。すなわち、陽明学の魅力の一つは王陽明自身の人生そのものにあります。王陽明はいわゆる士大夫で官僚なのですが、まさに波瀾万丈の実に激しい人生を送っています。これほど波瀾万丈の人はいないでしょう。

王陽明は官僚、政治家、軍人、哲学者、教育者、教養人、詩人という多面性を兼ね備えており、その人物を一言で表現することはとてもできません。王陽明の人物像について、その弟子の徐愛は「明睿天授、しかれども和楽坦易、辺幅を事とせず」（巻上　序）としています。頭が良く天才的な人ですが、穏やかで楽しい人で、外観や風貌に気遣いしない人であったといいます。王陽明は随所で「名声」を求めることを批判していますが、まさに自然体で悠然とした人であったようです。

もともと王陽明は科挙試験を通ったいわば秀才官僚でした。しかし、それにとどまることなく政治家として、軍人として、現実の世界で高い評価を得たほかに、学者としても高い評価を受け、多くの弟子を育てた教育者としても優れた人です。しかしながら、病苦、迫害、左遷など苦労の多い人生でした。

この意味からも王陽明は単なる書斎の人ではなく、その学問〈陽明学〉はこうした苦労の中から得られた人生観に支えられ、実践の中から生まれた学問であるといえるでしょう。また、その学問は儒学だけでなく若い時に勉強した仏教の「諦観」や老荘思想の「無為自然」を背景に併せ持っており、『伝習録』には随所にそれらに関連した思想を示す記述があります。たとえば、仏教や道教を批判し、儒学の重要性を説いている個所が随所にあります。これも仏教や道教を否定するというより、両者を超えたところに儒学をおくべきという考えなのです。当時、儒学を勉強する者が仏教や道教を勉強することは「二教」にまみえることだとして批判されたのですが、王陽明のこの思想遍歴が儒学者でありながら、しかも儒学を超えた「自然な心」を基礎とする哲学を生み出したのです。

この思想は自然崇拝を心の軸にしている日本人にも大きな共感をもって迎えられました。日本人の思想の基本は神道にあり、神道は祖先崇拝や自然崇拝などを特色とする宗教です。日本に入ってきた仏教も儒学もこの伝統的な思考法によって解釈されてきました。それだけに、王陽明の考え方は日本人にはなじみやすい議論であったように思います。

王陽明はその生涯のうちで何度も死の淵に立たされました。そして、そのたびに思想的充実を行なってきました。陽明学はそれが結実したものです。左遷された龍場での行動に見られるように、生活そのものが彼の思想の実践でした。日本人には「禅の修行者」のようなものといった方がよく分かると思います。ただ、禅の修行よりももっと厳しい現実が王陽明を襲いました。このことについては後で詳しく述べますが、この中から「良知」や「万物一体の仁」の考えが生まれてくるわけで、これを思うと、人間の持つ楽観論のすばらしさを思い起こすことになります。陽明学の理解のために、簡単に時間を追って王陽明の一生を見てみましょう。

(1)青年時代

王陽明は一四七二年に浙江省余姚の瑞雲楼で生まれます。名を守仁、字を伯安といいました。余姚は今の上海の南にあり、中国の中では温暖で豊かな土地です。

王陽明の父親も進士一等の科挙試験に通った官僚でした。南京吏部尚書にまで出世しています。もっとも王陽明が生まれたときはまだ試験には合格していませんでした。

王陽明はそのような士大夫階級の家に生まれ、非常に利発な子供であったようでした。父親が科挙試験に合格した年の翌年である一四八二年、王陽明が一一歳の時に父親の赴任について北京に移り住みます。一七歳までの六年間、北京で勉強することになります。

北京では、当時の一般的な勉強方法であった科挙試験受験用の塾の先生（塾師）について学んでいます。その勉強ぶりは執拗であったようで、朱子の言う「事事物物」の論（現象や概念にはそれぞれの理が存在するという考え）を勉強して、「竹の理」を窮めるために竹を一週間も割り続けて熱を出したというような話も残っています。

また、塾師が「君の父上のように科挙試験を通って立派な人になるように」と話したのに対して、「勉強は試験のためではなく聖賢になるためである」と反論したといいますから、ストレートな性格で、生意気で、理屈っぽい子供であったようです。

一四八八年、王陽明は一七歳の時に結婚し、翌年、故郷に戻っています。今日からみればずいぶん早い結婚ですが、当時なら特に早いものではなかったのでしょう。

しかも、婚礼の日にある道士に会い、そのまま一晩帰ってこなかったというからたいへんな変人です。しかし、それだけ真剣に自らの生き方を追求した人でした。この時でも受験勉強一辺倒ではなく、詩文や兵学などに凝っていたようです。これが災いしてなかなか科挙試験に合格しなかったのでしょう。しかしながら、結婚後、一八歳の時から朱子学を本格的に勉強し始め、科挙試験を目指すことになります。

⑵官僚としての王陽明

一四九二年、二一歳で浙江省で郷試に合格します。しかし、その翌年に受けた会試には落第しています。郷試は各地域での試験であり、会試は北京での面接試験を含めた第二次試験で、要するに一次試験に合格はしたものの二次試験には落ちたというわけです。二五歳でもう一度挑戦し、会試でまた落第しています。

一四九九年、二八歳の時に会試にやっと合格し、官吏の道が開けることになりました。成績は一〇番以内であったというからなかなかの高成績での合格です。

王陽明は科挙試験の受験勉強に際しても「志」を強調していました。聖賢たらんとする志があれば俗事に従事しても皆実学ですが、志がなければ俗事は俗事であり、科挙の学問をしても空虚な俗学であると断言しています。筆者も上級公務員試験に合格しましたが、当時も「志」に燃えていました。しかしながら、それを「俗事」の中で理解していくことはなかなかつらいものでした。

王陽明は科挙試験に合格後、最初に工部、すなわち国土交通省のような役所で事務見習いを始めます。ここでも一〇人または五人を一組にして連帯責任をとらせるという「什伍の法」という一種の兵法によって工事を早期に終了させるというような異才を発揮しています。翌年は刑部、すなわち裁判所のような仕事に携わり、ここで本格的な官吏になります。激務の中で勉強に励み、それは深夜に及んだといいます。ちょうどこのころを境に、それまで耽溺していた詩文、美文に次第に興味を失ってゆきます。

また、当時の明は北方民族の侵入に悩まされていましたが、王陽明はそれに関連して皇帝に時事問題の現実的・実用的な直言をしており、これが世の評判を得ることになりました。彼が科挙試験の受験勉強以外に兵法を勉強していたことが大きな役に立ったのです。

この時の官吏としての仕事が激務であったこともあり、一五〇二年、三一歳の時、病気のために翌年休職して故郷に帰り、二年間の療養生活をおくります。この間、陽明洞で独居生活を行ない、ここで、仏教と道教に傾倒したといいます。

ここに、陽明学の思想的多様性の基礎ができるわけです。儒学を学ぶ者が道教や仏教を学ぶのは、二教にまみえることだとして、当時の士大夫階級からみれば軽蔑の対象でしたが、ここで学んだものは王陽明にとって大きかったのではないかと思います。いずれにしても、このように多様な思想遍歴を経て儒学へ復帰することになります。

王陽明は、科挙試験の受験勉強中でも激務の役人生活中でも、常に何かに耽溺していたといわれます。それは仏教であり、道教であり、兵法（弓矢）であり、任侠の道であり、詩文に凝ったりすることで、これは「陽明の五溺」といわれます。陽明は要領よく受験勉強をしてストレートに試験に合格し、順調に出世するというタイプではなく、諸学に関心の多い若者であったようです。これが王陽明の官僚・軍人としての異才、そして陽明学の思想を作ることになります。すなわち、仏教・道教が陽明学の形成に影響を与え、兵法・任侠が軍人として成功する基礎を築いたと思われます。

後で詳しく議論しますが、事に当たって「磨錬」し、「知行合一」を実践してゆくことは、王陽明の官僚・軍人としての「磨錬」だけでなく、王陽明ならではの中国社会での独特の知識人のあり方を模索したものでした。

王陽明は一五〇四年、三三歳で役所に復帰しますが、同時に、聖学（儒学）を講義することになり、学者・教育者としても活躍を始めることになります。ただ、このときは「陽明学」ではなく「朱子学」を教えていました。陽明学として儒学を教えるようになるのは、王陽明がもっと大きな試練を受けてから後のことです。

(3)左遷と陽明学への開眼

三五歳の時、宦官である劉瑾を批判した友人を弁護したことから、投獄され、四〇杖叩きの刑にあいます。宦官とは王室の大奥を取り締まるための特殊な役人で、当初は刑にあって男根を切除された者がその役に就いていました。ところが、彼らは大奥の女性に取り入ることで、次第に政治的な力を持つようになりました。このため、自ら男根を切除して宦官になった者もいたといわれます。いずれにしろ、宦官は大奥から最高権力者の皇帝に取り入ることによって側近政治を行なったのでした。

王陽明はこの側近政治家の横暴を批判したのでしたが、その結果、官僚の世界から追放されることになります。これが王陽明の人生の大きな転機となり、陽明学の誕生が導かれることになります。

昔から人間を鍛えるものとして、よく貧・病・獄が挙げられます。これらは、できれば経験したくないことですし、これらを味わわない方がよいに決まっています。しかしながら、これらを乗り越えられる人でなければ大思想家にはなれないというのもわかるような気がします。王陽明はまさに貧・病・獄のすべてを味わう運命にありました。

このとき王陽明は四〇の杖刑にあって瀕死の状態になりますが、かろうじて九死に一生を得ました。その上、貴州省西端の僻地である龍場の駅丞（宿場の事務を司る役人）という閑職に左遷されてしまいました。龍場とは、揚子江上流の山また山を越えて行った奥地にある辺境の宿場町です。劉瑾は王陽明をこのような所へ追いやったばかりか、執念深いことにその上に、赴任する王陽明に刺客を差し向けるという念のいれようでした。

王陽明はその刺客の追撃をかわし、いったん故郷へ帰り龍場への赴任を忌避しようとしますが、父親への咎めをおそれて龍場に向かい、結局、二年間もかかって龍場に着任しました。

そこは言葉も通じない全くの未開地でした。しかし、王陽明は土地を開墾し、庵を作って生活を始めました。やがて、住民ともうち解け、書院（学校）を建設して、未開の住民の教学に努力します。王陽明がこういった未開地で教育を行なったことは大変なことですが、教えるとともに教えられたのでしょう、ここでの経験が未開の住民にもある「良知」という陽明学の発想を生むことになります。すなわち、ここでの三年間の生活が王陽明をして「格物致知」や「心即理」の意味を明らかにさせ、「陽明学」の原点を悟らせることになります。よく言われる

「龍場の大悟」です。

王陽明がこの地で住民の教学に努め善政を行なったことはやがて人々の評判となり、その評判を聞いて貴州の知事が訪ねてきて、王陽明を貴陽書院の学長にします。

(4) 官界復帰と栄達

この評判が中央にも及び、さらに宦官劉瑾が失脚したこともあって、一五一〇年、王陽明は三九歳で官吏の本道に復活、江西省盧陵県の知県を皮切りに、以後、官界で順調に昇進していきます。

盧陵県は争い事が多く訴訟が多い所でしたが、里正や三老（町長のようなものか）を慎重に選びその成果を見守ることで犯罪者を減らし大きな成果をあげたといいます。

四〇歳になって北京に戻り、吏部験封清吏司主事に就任、同年のうちに会試同考試官、文選清吏司員外郎と出世します。現在で言えば、官房採用担当官や人事課長に当たるのでしょう。

四一歳で南京太僕寺少卿に昇任し、赴任の途中で故郷に帰り、ここで初めて「陽明学」の講義を行ないました。これ以降、時に応じて「陽明学」を講義することになりますが、その講義を王陽明の妹の夫であり、第一の弟子である徐愛が筆録し、まとめたものが『伝習録』です。

(5)軍人としての王陽明と失脚

一五一六年、四五歳の時から王陽明は行政官僚から軍人へと大きく転換します。すなわち、都察院左僉都御吏に抜擢され、江西省南部や福建省南西部の巡撫《じゅんぶ》を命じられました。王陽明は軍隊を率いて反乱の征伐に行き見事に成功したばかりか、帰順者への政策も、これまた見事に行ないます。このように、文武両道に秀で、しかも敗者に優しい王陽明に日本の武士が憧れたのももっともなことです。

一五一九年、四八歳の時に寧王辰濠の反乱を平定し、さらに大きな評判となりました。しかし、このときも、宮廷の政変によって元の地位に復活していた劉瑾に妬まれ、迫害を受け、出世はおろか、危うく殺されそうにさえなりました。それに反し王陽明の軍人としての声価は高まる一方で、五〇歳の時には江西の反乱鎮圧を命ぜられ、これを平定し、その功績によって新建伯に封じられます。

その一方、王陽明の学問に対する評判はますます高くなっていきました。

しかし、このころから王陽明が学問の道で目指したものと世間での動きとの間に大きくギャップが生じるようになります。王陽明は『伝習録』の中でもしつこいほど名声を求めることを批判していますが、世間では学問（儒学）を出世の手段と考える傾向がますます強くなっていました。

一五二二年、五一歳の時、父親の死で故郷の浙江省余姚に帰省しました。当時の中国の習慣で、王陽明は三年の喪に服しましたが、喪が明けてもたいしたポストを与えられず、官吏としては主流からはずれたままでした。

しかし、学問の師としての王陽明の名声は上がる一方で、王陽明の塾は隆盛を極めます。王陽明自身は官を辞して塾での教育に専念したかったのが本音のようでした。もともと病弱で体が弱かったことも大きな原因でしたが、官僚・軍人生活に疲れていたのも事実でしょう。

一五二七年、五六歳の時、突然、都察院左僉都御史に復活させられ盧蘇・王受の討伐を命じられました。健康を理由に辞退しますが、それは許されず、病身をおして討伐に出かけました。翌年、思恩・田州の反乱を平定したものの、この遠征が原因で病状を悪化させて、一五二九年、五八歳で死亡します。

王陽明は官僚としても軍人としてもすばらしい業績をあげたので、どこに行っても大歓迎を受けました。これが結局、妬みを生み、先に述べたように官界の中で疎んじられることになったようです。また「名」を求めるものを厳しく批判するので、多くの官僚に嫌われたのも当然なことでした。

4　王陽明の思想のポイント

陽明学は儒学の一派であり、この点では朱子学と同様です。しかしながら、朱子学から受ける印象とはかなりな違いがあります。それは、王陽明が若いときに学んだ仏教や道教の影響を強く受けていることによるものでしょう。この影響は、陽明が自然を尊んだり、仏教的なことを少なからず発言していることからもうかがえます。ただ、陽明学自体はあくまでも儒学であり、学問の姿勢としては、基本的に「明明徳」を求めます。ただ、王陽明は『伝習録』の中でも随所で儒学が仏教や道教に対して優れていることを強調しています。しかし、その心学的な傾向は論理より心を強調します。日本で陽明学の人気が高いのも、このような自然に対する感覚が日本人好みであるからかもしれません。

『伝習録』には、我々がこの短い人生の中で一体何を実現すべきかを考えさせる議論にあふれています。王陽明は若いときから結核を患ったこともあり、人生を生きるのにせっかちであったようにも感ぜられます。彼が五八歳という今の時代から見れば決して長くない生涯で、官僚として、政治家として、軍人として、学者として、思想家として、教育者として多面的に活躍し、極めて多くの内容のものを著作の中に残したのもそのためだと思います。

陽明学のキーワードとしては「格物」「良知」「知行合一」「万物一体の仁」「心即理」「事上磨錬」「天理人欲」などが知られています。特に、「知行合一」は日本の社会でも重要な格言とされています。ただ、これは「言行一致」や「不言実行」というような意味にとらえられて、道徳の実践を強調するものとして受け入れられています。しかしながら、これは単なる道徳的格言ではなく、人を動かす大きな思想であることに注目する必要があります。これについては、後ほどじっくりと吟味していきたいと思います。

王陽明が五〇歳の頃に明らかにした「致良知」という言葉は陽明学の真髄を示すものです。陽明学が常に主張することは誰もが「良知」を持っているということです。この「良知」を発揮することが王陽明の求める人間の生き方なのです。王陽明の思想の背景には「良知」に対する確信と、実践における楽観主義があるように思います。他人の痛みを我がものと感じる心こそが、実践への心を生んだのです。いずれにしろ、陽明学の基本は、王陽明が三七歳の時の「龍場の大悟」から生まれています。この龍場という揚子江上流の辺境の地に左遷されたとき、現地の未開人と共に生活し、彼らを教化して得た悟りでした。

筆者としては、「万物一体の仁」の考えの大きさに惹かれるところがあります。陽明学の壮大さは「万物一体の仁」にあるものと確信しています。地球から宇宙まで万物に心を巡らそうと言うのですから壮大としか言いようがありません。また、陽明学はなんとなく厳しい思想のように思われているのですが、この「万物一体の仁」の思想はむしろ心優しい思いやりの心を示すものです。

自然と人間を分けない「万物一体の仁」の思想は儒学・道教・仏教を総合したところに生まれたものでしょう。こうした世界観を実践によって体得した求道者としての王陽明の人間性に限りない魅力が感ぜられ、これこそが陽明学の魅力だと思われます。日本における陽明学の実践者、例えば、中江藤樹、熊沢蕃山、佐藤一斎、大塩平八郎、山田方谷、吉田松陰、西郷隆盛などもその人間的魅力によって今日なお多数のファンがいるのですが、彼らの生き方自体が陽明学的でした。

彼らの多くは、私塾を作って武士のみならず庶民も一緒に分け隔てなく教育を行ないました。そして、これらの人々はいったん事有れば命を投げ出して信念を貫いた人たちでした。こうした平等主義は日本人の好むところであり、日本で陽明学が人気が高い理由もこのあたりにあるのではないでしょうか。

陽明学を革命の論理とか道徳論といった見方をするのは大きな誤解です。もちろん、陽明学を勉強して革命に走る人もいたり、道徳実践者になる人もいるでしょう。陽明学にそのような要素がないわけではありません。しかしながら、まずは素直に王陽明の著書を読み、心の琴線に響くものを感じることが必要です。そうすれば、陽明学を通して多くのことが見えてきます。それは今日の現代人が失った「心の本性」なのです。

5　『伝習録』成立の経緯

王陽明の思想を伝えるものとしては『伝習録』があり、王陽明の思想の全体像をつかむには最適の書物です。王陽明の著書としてはこの『伝習録』のほかに、『大学古本』『朱子晩年定論』などがあり、これらは明徳出版社から王陽明全集として出版されています。

『伝習録』とは「習ったものを伝えるための記録」であり、講義の中で示された王陽明の言葉や書簡を弟子が集めたものです。いわゆる語録であり、最初の部分は王陽明の義理の弟である徐愛によるものです。『伝習録』の最初には、その経緯が書かれています。

門人の中に王陽明の言葉を記録しているものがいることを聞いて、王陽明は「聖賢が人を教えるときは、医者が薬を与えるとき、患者の虚実・温涼・陰陽・内外といった症状に応じて加減して治療するのと同じです。これは病気を治すことが目的であり、薬の処方を最初から決めてかかっているのではありません。もし、間違った薬に固執するなら人を殺してしまうことにもなります。

今、私は諸君の偏った考えを箴切砥礪（針治療、手術、砥石で研ぐことであり、要するに治療）しているにすぎません。もしそれで諸君の偏った考えが改まってしまえば、私の言は不要のものになります。そうなれば私として償えないほどの罪を犯してしまいます」と言って王陽明自身はこの語録を記録することに批判的でした。

これは『伝習録』を残す事への批判であるとともに、王陽明の柔軟な考えを示すものです。教育は対象とする個人（医術なら患者）に合ったものにしなければならないと言うものです（序）。

徐愛が師の言葉を記録することに対して友人も忠告していました。これに対して徐愛は「先生の言われるように偏った考えになり、先生の言葉の含意を失うかもしれません。しかし、孔子は子貢に『私はもう言うことはない』と言ったのに、他の日には『私は顔回と一日中話してしまった』と言っています。これは矛盾した話です。子貢が孔子の言葉を求めたのに対し、孔子は『言うことはない』といって諫め、心の実体を求めたのに対して、顔回に対しては、顔回が孔子の意図をよく理解して自己のものとしたから、一日中、川が海に通じるように話したのです。子貢に対して話さなくても少なすぎず、顔回には一日中話しても多すぎることはなかった」と、孔子の行動を例に引き、この記録（王陽明の語録）は自分にとってはちょうど良いものなのだと反論しています（序）。

そして、徐愛が『伝習録』の編纂を行なった動機を「先生の教えを受けた弟子にも、一を得て二を忘れ、外見だけを見てその素質の上を見落とすことがあります。自分（徐愛）は日頃、聞いたところを記録し、密かに同志に見せて修正しました。先生の教えに背くことがないようにしたい。門人徐愛書す」としています（序）。

ただ、徐愛の手によって書かれたのは最初の一四条にすぎず、これに弟子の陸澄と薛侃《せつかん》によって書かれたものが加えられて「巻の上」として一五一八年に出版されました。とはいえ、徐愛の文章はこの『伝習録』の性格を規定するものになっています。

「巻の上」は王陽明が四七歳の時の出版ですので、王陽明の五十代前の考えであり、後半のものと若干の差異があるのも自然なことです。なお、「巻の中」は、王陽明の弟子や友人に送った書簡八編を南元善がまとめて一五二四年に出版されています。「巻の下」は王陽明の没後、一五五六年に銭徳洪によって弟子たちの語録が集められて刊行されます。『伝習録』はまさに陽明学の入門書として貴重な書物ですが、語録であるだけに系統的にまとめられたものでなく、理解するのが難しい書物です。しかし、それだけに含蓄のある書物です。本書はそれを現代に生かすために「巻の上」の内容を整理し、その思想をわかりやすく解説し、我々がそこから何を学べばよいかを考えることを目的としています（（ ）内に各節に当たる番号を記し、『伝習録』の本文と対比できるようにしました）。

第2章　格　物

1　大学のプログラム

これから王陽明のキーワードにしたがって、陽明学の内容を考えてゆきたいと思います。

まず、王陽明が朱子学を批判した議論で有名なのは「格物」の読み方でした。「格物」という言葉は孔子の思想を伝えた『大学』の初めに出てくる言葉です。『大学』は学問を何のためにするかを明らかにした書物であり、朱子も王陽明も四書五経の中でも『大学』を最も重要な書物とし、儒学の真髄が書かれているとしています。すなわち、儒学の目的は「学問をして人民を救う」ことであり、この点では両者は同じ立場に立つことになります。

『大学』は五経（「易経」「書経」「詩経」「春秋」「礼記」）の中の『礼記』の一編が独立したもので、四書（儒教の四つの聖典「大学」「中庸」「論語」「孟子」）の一つとして儒学の基礎となっています。

『大学』では、まず学問の目的として、

「大学の道は、明徳を明らかにするにあり。民に親しむにあり。至善に止まるにあり」とします。すなわち、「学問をするのは、伝説上の名君である堯や舜が行なったような徳を政治の上で明らかにすることであり、人民に親しむことであり、社会を完全な善の状況におくことです」というように学問の目的を示しています。ここでも「親民」についての読み方について朱子学と陽明学の間で議論がありますが、それは後で述べることとします。

まず、学問の目的は、堯や舜の行なった道徳が支配する政治を現実の社会に実現することだと考えます。すなわち、「徳」という字の偏は「道路」を意味し、旁は「升（のぼるの意味）」であり、「高いところに登る」というのが本来の意味です。旁が意味を示す「心」と音を示す「直」からなっています。そこで、「人を憐れむ」とか「恩に感じる」といった意味になります。したがって、君主が人民に憐れみを与えて、人民が恩に思うことになるのでしょう。このような「徳の政治」を行なったのが堯・舜であり、これを再び実現するのが儒学の目標となります。

ここで対象となる「民」は、字としては木に穴をあける錐の象形文字です。これを「外来人」の意味である「氓」に借用することとなり、さらに一般人民を表すのに借用したのです。「親」は意味を表す「見」と音を示す「亲」からなり、この音は「生」を意味していて同姓を示しています。すなわち、同姓の人で何時もいる「同住の人」の意味となります。親は「至親」と言ったのですが、単に「親」となったのです。「民に親しむ」は字の意味からすると一般人民の親になることでしょう。ここでも、朱子と王陽明で解釈の違いがあります。

儒学は「政治」と切り離せないのが特徴で、大衆を救済することを大きな目的として、思想体系を構築することになります。儒学は儒教としての宗教の一つと見なされますが、仏教やキリスト教と雰囲気がずいぶんと違うのは、儒教が個々人ではなく人民全体の救済を目的としている点にあると思います。王陽明も「個人の救済でないことが儒学の優れた点である」と繰り返し強調しています。

そこで、これを実現する方法が『大学』に示されています。そして、この状況に到るプログラムとして、

古の明徳を明らかにせんと欲せし者は、まずその国を治めたり。
その国を治めんと欲せし者は、まずその家を斉へたり。
その家を斉えんと欲せし者は、まずその身を修めたり。
その身を修めんと欲せし者は、まずその心を正しくせり。
その心を正しくせんと欲する者は、まずその意を誠にせり。
その意を誠にせんと欲せし者は、まずその知を致せり。
その知を致すは、「格物」にありき。

を示します。そして、これを逆に読んで、

「格物」してのち知に至る。
知に至りてのち意誠なり。

意誠にしてのち心正し。

心正しくしてのち身修まる。

身修まりてのち家斉う。

家斉ひてのち国治まる。

国治まりてのち天下平らかなり。


として学問（格物）の役割を示しています。

「格物」を行なえば、「致知」となり、こうなれば「誠意正心」となって「修身」となる。そうなれば「斉家」となり、「治国」となって「明明徳」に至ることになります。

もう少し現代的に言い換えれば、学問を行なえば、人は何をしなければならないかが分かるようになり、これにしたがってものを考えれば、意思が誠実になって正しい心を作ることができます。そして、正しい心ができれば、立派な人間になることができ、立派な人間であれば、家を上手に運営でき、また家をちゃんと運営できれば国を統治することができます。

そうなれば世の中は平和になって、道徳の支配する理想の社会が実現するというものです。そして、「格物」を最初にすべきこととして、道徳の支配する理想社会を作ることを示したのが儒学なのです。すなわち、この『大学』の冒頭の一節は、学問から始まり、理想国家建設への道程を示したプログラムなのです。この一節は、堯や舜の行なったような道徳が支配する政治を実現するために必要な手順を説いたもので、それ故に『大学』は儒学でもっとも重要とされる書物となるのです。

ただ、日本人には、ここにある「家」「国」の概念がよく分からないと思います。中国人が長い歴史の中で築き上げた社会制度や文化は日本人のそれとは違うので、儒学を学ぶ際にその点が大きな障害となります。「家」とは何を指すのか、「国」が何を指すのかよく分かりません し、なぜ「家」を斉えるのがそんなに難しいのか、「国」を治めるのがそんなに難しいのか、日本と中国では感覚の違いがあるように思います。これは外国の文化を学ぶときにはかならずぶつかる問題です。そのとき、できる限り、彼らの文化を理解しながら読むことが重要ですが、最後の最後まで理解するのは難しいことかもしれません。

筆者は、外国の文化を学ぶ際、理解するための努力はするべきですが、最後は日本人として何を学ぶべきかという立場に立つべきと考えています。実際、日本の儒学者も結局は、日本人のあり方を儒学の中に求めており、儒学に従うことを目的としているようには思えません。これが日本と韓国の儒学の取り入れ方の違いとなって現れていると思います。

話を元に戻しますが、中国で「家」と言ったときは、おそらく親戚一族を含めているでしょうから、今日の日本の核家族を考えるのではなく、もっと広いものと考えるのが適当でしょう。「家」の字義はウ冠と「豕」を結びつけたもので、前者が家屋の形を示しており、後者の「豕」はいうまでもなく豚を意味しているので、家の中に豚がいる状況を示しています。ただ、豚の意味があるというのは言い過ぎかもしれません。いずれにしても、ひとつの物理的な枠の中の生活体のイメージであることは間違いないでしょう。しかし、これを核家族のイメージで考えると「家」を理解できないでしょう。

中国には村全体が親戚同士で、血族を中心に巨大な集団を作っていることが少なくありません。儒学では「家」についての議論はよくなされますが、「家」が血族の集まりであることは間違いないとしても、日本人の持つ印象よりももう少し範囲の広いもののように思います。むしろ、筆者はこれを関係者全体を示すものと見る方がよいのではないかと思います。日本の現代に当てはめれば「会社」に相当するのかもしれません。

「国」という概念も、中国と日本では印象が違うように思います。中国は日本のように国民国家ではありません。中国で「国」といった場合には、むしろ、呉の国、越の国といった地域を指します。もっとも日本でもこれに倣って作られた律令制では、国司をおいた地域を「国」としていましたから、イメージとしてはそのようなものでしょう。中国全体はむしろ「天下」であり、これは国境概念がないので、少なくとも朝貢をしていた外国も含めた全体が中国になります。今でもそうですが、帝国なのです。すなわち、「中華」という言葉に中国の意味があるのでしょう。

逆に「〇〇国」と言った場合は、むしろ地方の一定の地域を示すことが多いのではないでしょうか。「国」の正字は「國」であり、国構えの中の「或」はもともと国を意味し、それを領域を示す囗で囲んでいるのはその意をいっそう明確にするためです。今日の「国家」の概念は近代ヨーロッパで生まれた国民国家概念ですので、そのまま読むのは危ないように思います。むしろ、地域的には広いのですが、地方政府が「国」の概念になるのでしょう。すなわち、大会社を経営できるような人格者は、知事になって善政を行なうことができると解釈するのが妥当なところでしょう。

江戸時代に、日本が儒学を武士階級の道徳としたのも、藩に仕える武士の家をしっかり守れば、それによって藩を十分に治めることになるという解釈をしていたのでしょう。封建制度の下では、家自体が藩主に奉公するための機能的な「機関」ですので、そう解釈することで理解できたのでしょう。武士が家を整えしっかり藩に奉公できるようにして、藩の中で経済的繁栄を図れば、世の人々は見習い、最後は日本全体に「明明徳」が実現すると考えたのでしょう。

要するに、学問の目的は、自らの人格的完成を以て、万民に「徳」を明らかにすることです。この「徳」の中には経済的なものも含まれているように思われます。なぜなら、中国人にとって精神的なものと実生活を分離する考えはないからです。経済の語源といわれる「経世済民」も儒学の考えの重要な一部であり、この考えは、天下を統治する「君子」の心構えとなります。『大学』で重要なことは、単に君子のあるべき姿を描くだけではなく、すべての人々のあり方を説いていることです。

「天子より以て庶人に至るまで、壹《いつ》にこれ皆身を修むるを以て本となす」

としていることです。すなわち、学問によって国を治め「明徳」を明らかにする努力は君子の問題だけではなく、「万民」がこのような学問を通じて理想社会を作るために努力しなければならないことを説いています。

よく、儒学を「君子が人民を支配するための論理」と言う人が少なくありませんが、そういうことを言うのは『大学』を読んでいない証拠でしょう。儒学＝封建道徳というステレオタイプの誤った議論に惑わされるべきでありません。実際、儒学の成立した時代の中国は今日日本人が考えている封建制度の下にあったわけではありません。

ただ日本における儒学のイメージは「儒学ではなく朱子学」として受け取られているように思います。そして、朱子学における「修身治国」あるいは「修己治人」の印象が強いのが事実でしょう。こうして日本では朱子学の伝統が強いために、陽明学は間違った理論であるという表現も少なくありません。しかし、日本の儒学の伝統は、陽明学を異端視してこなかったところに特徴があるように思います。さらに言えば、日本思想の伝統では儒学自体もワン・オブ・ゼムであり、これに全面的に拘束されることを避けてきたように思います。

2　二つの「格物」

ここで、王陽明と朱子の議論の間に重要な差が出てきます。字義から見ると、「格」は偏にあるように木が高く真っ直ぐに伸びている様子を示しており、決まり、基準、規則、他の物より高い状況などを意味しています。この格物の「物」は非常に広い意味にとらえねばなりません。一方、「物」と言う言葉はよく出てくるのですが、偏は「牛」であり、旁は「勿」で、いろいろな色の混じった牛の意味です。ここでのポイントは「不揃い」です。現実に見られる物はすべて不揃いであることを示しています。したがって、「格物」の字義は、「不揃いな現実を真っ直ぐにする」ということになります。

このプログラムの出発点である「格物」を朱子は「物にいたる」と読ませました。すなわち、「物にいたりて知にいたる」ということがすべての出発となります。朱子の大学章句の注では、

「格は、至るなり」

としています。そして、朱子は「事物の理を窮至して、其の極處到らざる無きを欲するなり」といいます。すなわち、ここでは「格物」は「物」の本質に「至る」ことであり、分からないことが無いところまで到達することを望んだのです。不揃いな現実の中から本質に至ることであり、学問の目的そのものなのです。このように、一生懸命、勉強して学問を究めてはじめて「知」にいたり、こうなれば誠意、正心、修身、斉家、治国、平天下、明明徳と水準が上がることで学問が現実の世界に実現していくことになります。ですから、朱子は「物」が真っ直ぐいったところに「理」があるので、そこを究めよということで、「至る」ことになる。「理」とはいろいろな現実が行き着く先ということになるのです。このように、朱子は「究理」を基本とした主知主義者でした。やがて「明徳」が明らかになり、「親民（朱子では「民を新《あら》たむ」）」

となって、「至善（完全な善に留まる）」に至るのでした。

朱子の読み方は現代的に言えば、たとえば、「親孝行」とは、「君への忠義」とは、「友人への信頼」とはといった道徳上の命題に関しても、よく四書五経を勉強して分からないところがないようになれば、その原理を十分に自分のものとすることができることになる。そうなればそれにしたがって正しい行ないをするようになるので、人々もつき従うようになる。その結果、社会が善良な状況になり、社会を道徳で治めることができるようになるとの考えです。だから、まずはしっかり勉強しなさい、ということになります。

この考えは学問に志す若者に希望を与え、科挙試験に通ることを目標に勉学に励ますことになります。当時の中国では、最も優秀な若者は教養高く立派な官僚になって世のため、人のために働くことが理想でした。もっとも科挙試験を通れば、一族が生活できるほどの収入が得られるとも言われています。この士大夫階級になるために合格しなければならない科挙試験は若者の最大の目標でした。すなわち、先に述べたように受験勉強をして官僚になることが人生の目的であり、個人的にも大きな繁栄の基礎であったわけです。

先にも紹介したように、王陽明は「単に科挙試験に合格するのが学問の目的ではない」と生意気なことを若いうちから言っているのです。当時、朱子学が科挙試験の基本であったことが王陽明を反発させたようにも思います。後で述べますが、王陽明はこの受験勉強が本来の勉強の妨げになるのではないかと心配しています。

そして、朱子はこの「事事物物」に「理」が存在するとして、それを追求することを「究理」としました。このこと自体が『大学』のプログラムの中で持つ学問的探求の重要性を強調することになりました。これはデカルト以来の近代哲学と同じ構造を持っており、学問として、要素還元主義的なパラダイムでした。すなわち、それぞれの問題に対して、それぞれの真理が存在し、それを追求するのが学問、「究理」であるとしたのです。

当時の学校のカリキュラムは「六芸」、つまり礼、楽、射、書、御、数を修めることでした。礼は儀礼、楽は音楽、射は弓術、書は読み書き、御は馬術、数は算数のことです。なかでも礼や書は四書五経に通じることであり最も重要な科目でしたが、それ以外にも多くの科目があったのです。この勉強を通じてさまざまな技術や人生を生きる方法を身につけ、人格を形成してゆくことが求められました。いずれにしてもこの四書五経を勉強して、「科挙試験」をパスすることが最高の知識人に求められたのです。

朱子学は王陽明の生きた明代においても主流の学問でした。そこでの『大学』の読み方の基本は「物に至りて」であったのです。これに対して、王陽明は朱子の解釈を廃して、朱子以前のテキスト、すなわち「古本」を復活させて、「物をただす」と読ませたのでした。すなわち、「大学の諸説において、ことごとく『舊本』をもって正となす。けだし先儒のいわゆる誤本なるものなり」（巻上　序）として『礼記』の古本が正しいのであって、朱子学で使っているテキストは誤りであると指摘します。

つまり、朱子は間違った読み方をしたため、『大学』の解釈を間違ったと主張します。すなわち、「格」とは基準や定規のことであり、「格物」とは曲がった現実を真っ直ぐにすることであると王陽明は言うのです。

王陽明は、『大学』の明明徳から格物に至るプログラムを全体として理解することを求めます。「格物より平天下に至るまで、ただこれ一個の明明徳なり」と格物を切り離すのではなく、このプログラム全体が明明徳であると言います（巻上　90）。徐愛との議論の中で「格物は孟子の言う『大人は君心を格《ただ》す』の「格」のごとく、心の不正を去って以てその本体の正を全うするものです。ただ、意念のあるところは、その不正を去ってその正を全うすべきです。いつ、いかなる処でも天理があるので、これは『究理』なのです。天理は明徳であり、究理とは明徳を明らかにすることです」と言います（巻上　7）。

次の文章はまさに王陽明の本質を示すものです。弟子の澄が格物について質問したのに対して「格とは正すなり。その正しからざるを正して、以て正に帰するなり」と簡潔に述べています（巻上　86）。「正」の字義は「足」と同じですが、膝から下を意味しています。足は膝で曲がるが、膝から下は曲がらない、すなわち、真っ直ぐであるので、正しいということになります。「格」も真っ直ぐであり、真っ直ぐなのは正も同じなのです。

孟子は、大人（偉大な人、立派な士大夫）は君主の考えを真っ直ぐに正すことができると言っています。現代の日本でも同じですが、政治家の横暴を正論から粘り強く説得するというのも官僚の重要な仕事です。

政治家が自分の支持者の要望を実現するように働くことはごく自然なことですが、それが合理性を欠いていたり、公平性を欠いていたりすることは少なくありません。そのとき官僚は全体から見た合理性の視点から彼らを説得するのです。王陽明自身、宦官を批判してひどい目に遭いますが、それも格物なのです。そのような意味で使っている「格」と『大学』でいう「格物」の意味は同じであると言います。その君子の考えを正すことと同じように、自分の心の正しくない状況を除去することで自分自身を正しいものとすることができると王陽明は考えます。

そうすることによって「時として処として、これ天理を存せざるなく、すなわちこれ究理なり。天理はすなわちこれ明徳にして、究理はこれ明徳を明らかにするなり」（巻上　7）と言います。いつでもどこでも天理を自分の心の中にとどめておくことができるようになる、それこそが「究理」（理を究める）であると考えます。すなわち、天理は明徳ですが、究理を実践することが「明明徳」であるとします。

王陽明は、格物は朱子のキーワードである「究理」と『大学』の「明明徳」とは一体であることを示します。すなわち、「格物」とは自らを正すことで「明明徳」に至らせるものであると主張するのです。王陽明は世の中を正しくしようとして初めて知に至るのであり、そのようにすれば意思が誠になって、心が正しくなり、身が修まると考えます。こうして、家が斉い、国が治まって、明明徳が実現すると主張するのです。

つまり、王陽明にあっては「物の理」を究めることが重要なのではなく、「物があるべき状態になっている」ことを求めることが重要なのです。言い換えると、「理の追求」が重要なのではなく、「理の実現」こそが重要なのです。その結果、『大学』の解釈は正反対のようになります。

「事物が正されることで、知を致す」というのは、王陽明にあっては「事物が正されること」は「知を致す」ための必要条件という関係を強調することになります。すなわち、「正しいことを行なっていないでどうして正しいことを知っていると言えるのですか」という「知行合一」の説明になります。王陽明の主張は循環論法的なところが少なくないのでわかりにくいのですが、まさに、朱子学のように論理立てて理解するよりも全体として理解することの重要性を説いているので、そのような姿勢が重要です。また、王陽明にあっては、「物」という概念は「事」を含み時系列的な意味でのすべての現象、概念をも含んでいることに注意する必要があります。

3　朱子学の格物と至善

弟子の徐愛は「先生の『至善に止まる』についての教えを聞いて、修業の力の入れ方が分かるようになりました。しかし、その議論と朱子の理を求める『格物の教え』とはついに一致しませんでした」という質問に対し、王陽明は「格物とは至善に止まるための修業です。すでに至善を知っているというのであれば格物は分かっています」と答えています（巻上　6-Ⅰ）。

これは「巻の上」で、至善に関する以下の議論を受けての話です。王陽明は「至善」に至るためには「心」が重要であることを主張してきました。そして、ここでの徐愛の質問は、至善に止まるという教えと朱子の言っている格物が結びつかないというものです。すなわち、王陽明は「心を考えれば至善に止まる」と言うのに対して、朱子は「まず『物に格る（至る）』ことだ」と言います。徐愛からすると、この両者の関係が分からないと言うのです。朱子は「いわゆる知を致すは物に至るにありと言ふこころは、吾の知を致さんと欲すれば、物に即して其の理を窮むるに在り」として、格物を行なうにはまず理を窮めよという考え方に立っています。これに対して、王陽明は「格物」は「至善」の修業である、すなわち、手段であると説明します。したがって、「格物」は「至善」の必要条件になりますので、至善が分かって格物が分からないはずはないことはないであろうという答えです。

澄が「止るを知る――至善とは自分の心の中にあって他にあるものではないと聞いています。その後に志が定まるのですか」と質問します。これに対して「その通り」と答えます。『大学』では「止るを知って、而る後に定まるあり」としていますが、それと同じ内容を言っています。王陽明にあっては、至善も外的状況ではなく、心の中の問題であることを言っており、注意を要します（巻上　87）。

至善が心にあることについて次のように述べています。徐愛が「朱子の『止まるところを知りて後定まる（人が止まるべき至善に至れば心が安定するのだ）』との主張は事事物物みな定理ありとして、先生のと似ていないですか」と質問しました。王陽明は「事事物物に」至善を求めるのは義外（外に義を求める）であり、誤りです。至善は心の本体であり、ただ明徳を明らかにして、至精至一（純粋で天と一体になる）にあればよいのです。それではまだ事物と離れていません。朱子が『大学注』で「天理を極めて、わずかな人欲もない」と言っていますが、我が意を得たりです（巻上　2）。

徐愛はさらに質問します。「先生の格物の考えもおおむねは分かったように思います。しかし、朱子の教えは『書経』に言う精一、『論語』に言う博約、『孟子』に言う盡心知性などを証拠にしています。まだよく分からないのですが」とさらに聞きます。王陽明は「子夏は篤く聖人を信じ、曾子はこれを自分に求めました。聖人の言葉を篤く信じることはもとから是とされるものですが、自分で繰り返し反省することにかなうものはない。納得いかないと言いながら旧聞（朱子の教え）にこだわっているのはどういうことですか。朱子でも程子を尊敬していたが、十分に納得しなかったとして従わなかったのです」と言います。

徐愛は王陽明の格物（物を格す〔正す〕）という考えも分かっているが、しかし、朱子は書経の「精一」、『論語』の「博約」、『孟子』の「盡心知性」といった儒学の基本との関係を明確にし、それを基に説得力のある議論を展開しています。その議論と王陽明の「格物」の考えとが結びつかないのだと言います。

書経の「精一」とは、書経の大禹謨で「惟《こ》れ精、惟《こ》れ一《いつ》、允《まこと》に其の中を執れ」を言います。これを朱子は中庸章句において「精とは夫《か》の二者（道心・人心）の間を察して雑《まじ》へざるなり」として、「精」を「精密の精」と理解して、慎重に反省することによって道心が人心によって妨げられないで済むと言います。「一」については、この文章の前に「心に虚霊なる知覚は、一のみ」として、人心と道心は一つであることを言っていますが、「一とはその本性の正を守って離れざるなり」と本性を守っておれば、「ここに従事して、しかも間断なく、かならず道心をして常に一心の主となりて、人心をしてつねに命を聴かしむれば、すなわち危き者も安く、日なるものも著れて、動静に、自ら過不及のたがいなし」として、本性の正に定まることを求めます。そこで、朱子の意味での「格物」が必要になります。

論語の「博約」は雍也編（第六）の「博く文に学び、これを約するに礼を以てす」という文章です。博く文章を学んで、これを実行してゆくには礼によって規制するという話です。朱子にあっては博文が格物致知になります。孟子の言う「盡心知性」は尽心上編の「其の心を尽くすものは其の性を知る。其の性を知れば、天を知る。その心を存しその性を養うは天に事ふる所以てなり。殀寿もて貳にせず、身を修めて以て之をまつは、命の立つる所以なり」という文章です。惻隠、羞悪、辞譲、是非といった心の働きを広げ極めて行けば、人の本性を知ることができます。その性がどこから出てきたかを知れば、天を知ることになります。その心を失わないように保持して、善なる心を養っていくことは天に従うことです。早死でも長寿でも二つのこととせず、一筋に身を修めて天命を待つことが天命を全うすることになる、という孟子の考えです。朱子にとっては、この「性を知る」のが「格物致知」になります。このように、朱子は儒学の古典に準拠して「格物致知」の位置付けを証明しているのではないかと徐愛は問うのです。

これに対して、王陽明は「精一・博約・尽心は私の説に合致するものですが、君が気付かないだけです。朱子の格物の解釈はこじつけであり、それは本来の意味ではありません。精は一のための修業であり、博は約のための修業です。すでに知行合一の説を分かっているのだから、これらは一言で悟らねばなりません」と答えます。一は精のための手段であり、「博く文に学ぶ」のは「約するに礼を以てす」の手段です。知行合一が分かっているというのならこんな事は分からないといけないと諌めます。「精」は米が青いという字であり、白くて純粋であることを意味しています。そこで、王陽明にとっては「精一」とは「心の天理に純一」にするとの意味です。ほかのところでも、「心の天理に純一」であって初めて至善だと言っています。

そして、この孟子の「盡心知性」を以て王陽明の立場を説明します。「心を尽くして性を知り、天を知るとは『生知安行』のことです。心を存し、性を養い、天に仕えるとは『学知利行』のことです。殀寿以て貳《に》とせず、身を修めて以てまつとは『困知勉行』のことをいっています。朱子の格物の解釈の誤りはこれを逆に見ているからです。心を尽くして性を知るを物に至りてとして知に至るとするのは、初学において『生知安行』を行なおうとしているのです。どうしてそれが出来るのでしょうか」と批判します（巻上　6-Ⅰ）。

ここで、「あるいは生まれながらにして之を知り、あるいは学んで之を知り、あるいは困しんで、之を知る。それを知るに及んでは、一なり。あるいは安んじてこれを行ない、あるいは利してこれを行ない、あるいは勉めてこれを行なう。その功を成すに及んでは、一なり」という一節があります。これは

生知安行
学知利行
困知勉行

という『中庸』にある言葉についての議論です。これらは知と行の両者を組み合わせて順次、聖人、賢人、凡人の状態を規定しています。ここで「これ」とは、人間には君臣間、父子間、夫婦間、兄弟間、朋友間の五つの「道」があり、知・仁・勇の三つの「徳」を示しています。聖人は生まれながらにして道徳を知っており、簡単にやってしまう。賢人はよく学んで知り、これを意識して行なう。凡人は苦しんで知り、苦労して行なうというものです。

そして、これを簡単に実行する人、努力して実行する人、苦労しながら実行する人とあるが、実行できるのであれば、その成果は同じだといいます。問題は知ることであり、行なうことだということになります。

これにこの孟子の言を対応させて、「心を尽くして性を知り、天を知る」とは『生知安行』のことで、聖人ができることとします。「心を存し、性を養い、天に仕える」のは『学知利行』のことです。「殀寿もて貳《に》とせず、修めて身を修めて以てまつ」のは、『困知勉行』のことをいっているとします。

そして、朱子の解釈はこれを逆に見ているところから間違っているのだとします。

朱子は「知性」を「格物」、「尽心」を「致知」と考えていて、これは勉強を始めていきなり「生知安行」を行なおうとしているものだと批判します。

すると、徐愛は「『心を尽くして性を知っている』ことが、なぜ『生知安行』なのですか」と問います。王陽明は「性は心の体にして、天は性の原《もと》です。『心を尽くす』とは『性を尽くす』ことです。天下には至誠のみがあり、その性を尽くして、天地の化育を知ることになります。『心が存する』とは心をいまだ尽くしていないことであり、天を知るの『知る』とは州や県の知事が自分の所管地のことをよく知っているのと同じようによく知っているということで、『天を知る』とはすでに天下と一体なのです。『心を尽くし、性を知り、天を知る』人は聖人でしかないと言います。『その心を存する』というのは、まだ心=性を十分に尽くしていないから『存』しているのであり、さらに努力が必要な段階であるとします。そして、その獲得した性をよく保持して養うのは、まだまだ努力しているのであるから、学知利行の賢人の心境である」とします。

ところが、「天に仕える」とは子供が父に仕え、臣下が君に遵守に仕えるとして、恭敬奉承していてもまだ一体化しておらず、二つの状態です。「天に仕える」との考えは、いまだ天と一体になっていない状態であるが、すでに天を知っていることを意味するので、「身を修めて以てまつ」（勉強をして天命を待っている）よりは上であるとします。これは聖人と賢人を区別する時の基準です。「殀寿（若く死のうと老年まで生きようと）も心を貳《に》にしない」という諦観は、学問を始めようとする者に善をなさせ、窮通殀寿であることは善を行なおうとする心に動揺を与えないものです。身を修めて天命を待ちます。「窮通殀寿」とは天命が自分にあって心を動かされないことであり、「天に仕える」とは天と自分とは二つの状態にあるとしても、天の前にあることを認識しているというものです。これは命を待つとはまだ見ていないけれど天命を待っているのは初学の心を立てることになるので、困知勉行の状態にあります。殀寿の考えを変えない姿勢であるのは聖人の落ち着いた境地というよりも、生命には長短があるので自分はただ善をなして修養し、天命を待つべきということであり、むしろ困知勉行の初学者の姿勢と考えます。しかし、「朱子は聖人・賢人・凡人の順番を逆にして、『性を知る』ことを格物致知だとしてしまったのです。初学者は手をつけられなくなっていた」と説明します（巻上6-Ⅱ）。

4　どちらの読み方が正しいか

格物について朱子の解釈と王陽明の解釈とどちらがもっともらしいかを考えると、文章をそのまま読めば論理的には朱子の言うとおりでしょう。学問をして物の道理がよく分かるようになって知に至るというのはきわめて自然なプロセスです。

四書五経を十分に読み、これに関する多くの注釈書を読み、正しい理解を行なうという学問によって、人格形成を行なうことは、それ自体立派なことであることに間違いありません。人格的に立派な人に成長すれば誰しもが尊敬されて家は斉い、国が治まり道徳が支配する社会が実現するというのは実にすっきりした解釈です。

しかしながら、これはもともとの読み方でなかったのは当然でしょうし、王陽明の言うようにわざわざ「格」という言葉を使う必要はありません。先に述べたように、「格」は定規ですので、真っ直ぐにすると読ませるのが正当でしょう。

朱子が儒学を復活させようとしたことは、人々に学問を勧め、科挙試験に合格させて立派な士大夫を作るという当時のインテリ層の考えとも一致しました。儒学の世界では秀才が四書五経を勉強して、役人になって善政を行なうことが目的ですから、その意味で、正しい考え方をまず勉強しなさいと言うのは当然でしょう。

ところが、王陽明はこの「正す」という読み方によって政治家、官僚に乱れた世を直すことを求めたのです。経済の語源になっている晋代の書『抱朴子・外編』に見られる「経世済民（乱れた世を治め民をすくう）」はまさに社会のリーダーが果たさねばならない目的ですから、社会が正されなければ格物も意味がないことになります。

論語に「学びて思わざれば則ち罔《くら》し、思いて学ばざれば則ち殆《あやう》し」という言葉があります。これは、勉強することは大切ですが、そこに思い（思索）がなければまったく意味のないことになり、一方、思いはいっぱいでも、これまで多くの人が議論してきたことを学ばなければ非常に危ういことになるという意味で、学問をする人にとって常に留意しなければならない点です。

この言葉に沿って考えると、朱子の主張する「物に至りて」というのは、まさに「思いて学ばざれば則ち殆し」といって勉強を重要視するのかもしれません。「思っていても」勉強が足りなくて間違ったことをしては何にもならないという主張です。しかし、いくら勉強しても、これで社会を正そうとしないのであれば、いったい何のために勉強するのかという話になります。

これに対し、王陽明の「格物」は「学びて思わざれば則ち罔し」として、同じ乱れた時代の学問のあり方を説いていたのです。とくに、王陽明の性格や経験を考えると「物を正す」ことの重要性を理解できます。

ただ、「格」を「正す」と読めば、いろいろな混乱が生じてきます。まず、何を基準に正せばよいのか、勉強もしないでなぜ正すことができるのか、知にはどうして至るのか、知に至らなくてどうして正心、誠意、修身と人格形成ができるのかという疑問が生じてきます。この点、知と学問の論理的な順序を考えれば、「学問をして知に至る」と読ませる朱子の解釈が妥当となるのでしょう。

この点について陽明学では、後で述べる「良知」が重要な役割を果たしますが、同時に非常にわかりにくい論理の展開を行なうことになります。すなわち、王陽明は「格物」も「致知」も「誠意」も「正心」もすべて同じであると言うのです。

すなわち、朱子にあっては学問の成果が反映する一種の階層的序列があるのに対し、王陽明にあっては「格物」と人格形成のすべてが一体であると主張することになります。また、そのように考えることによって実践が重視されるわけです。

5 格物は修養

王陽明にあっては「物」や「事」を「ただす」ことが「格物」でした。ここで、まずこの正すべき最も中心的な対象は「自分」なのです。そこで、王陽明は「格物」を「工夫」すなわち「修養」と位置づけています。すなわち、まず正さなければならないのは自分なのです。

王陽明の口癖は「工夫」です。後で議論しますが、世の中を曲げる「私欲」を排除することが基本であり、そのために精神の修養が必要になるのです。また、聖人の教えである四書五経を読むことも修養であり、そうした勉強をすること自体が「格物」なのです。

しかし朱子と王陽明とでは、勉強する目的が異なることに注目する必要があります。朱子の勉強の目的は「分からないことが無くなる」ことですが、王陽明にあっては「心を正す」ことであり、「私欲」を排除することが目的となります。

心の本体を真っ直ぐするのも「格物」であり、朱子の言う「究理」もこの意味での格物でなければならないと主張します。後に触れますが、王陽明は「意」を排すことを重要な修養の対象にしています。

すなわち、王陽明において、「格物」とは、初学者から孔子や孟子のような聖人に至るまで、その実践としての修養であり、自らの心を真っ直ぐにし、意を真っ直ぐにし、知を真っ直ぐにすることです。そして、格物の後に続く致知、誠意、正心、修身のすべての修養はこの「格物」だと言い、格物も致知も誠意も正心もすべて同じであり、真っ直ぐにすることが修養であると強調します。『伝習録』でもたびたび「工夫」が出てきますが、実践していって初めて修養なのです。

王陽明は朱子の言う意味での「格物」の学問の類を「口耳の学（ただ議論するだけの学問）」として退けます。いくら勉強をしても、それが目的を持たないものであれば、ただ口から出て耳に入るだけのものでしかないと厳しく批判します。朱子学が「物にいたりて知にいたる」と読ませたことが、『大学』の考えを誤らせたというのが王陽明の基本的な批判です。いくら「究理」によっても実践が伴う修養でなければ格物でない。親孝行とは何かをいくら本を読んで勉強してみたところで、自らが親孝行を行なわなければ親孝行といえないというのです。君に忠義を尽くすべし、といくら勉強しても、それは口耳の学でしかなく、自らそれを実践することが「格物」なのだということになります。

そして、「格物の学（本来の学問）」をなす者といっても「口耳」になってしまう。まして「口耳の学」をする人は本来の学問に帰ることはあり得ません。天理人欲はわずかなことでも常に小さなことで努力して「省察克治（静かに反省し克服する）」すれば、日々に改善してゆくものです。

だから議論しただけでは心の中に私欲が入ってくるものです。知らない間に入ってきた人欲があると、いくら努力してもこれを見つけだすことができません。いくら天理を研究しても、それを放置したり、人欲について講じても、人欲を放っておいて、これを排除しなければ格物の学にはなりません。

後世の学（朱子学）は結局は本来の修養ではないと厳しく批判します。王陽明は常に朱子学を「口耳の学」と批判しており、いくら偉そうに言っても人欲の排除に常に努めるのでなければ全く意味がないと言います。口だけで「義」を議論することは「義」を盗み取ろうとしているだけだ、と言い、「義」は実践だという厳しい姿勢を示しています（巻上　85）。

そして、さらに次のように述べます。

修養の難しいのは、「格物致知」の上に行かねばならないことです。これは意を誠にすることであり、意が誠になれば、おおむね心が正しくなり、身も修めることになります。ただ、心を正し、身を修めるための修養は、その仕方に違いがあり、心を正しくする修養は未発に属し、それは「中」を求めます。身を修める修養は「已発の和」を求めます（巻上 89）。修養はそもそも格物致知であり、その目的は正心、修身であると説きます。これは後で説明しますが、「未発の中」「已発の和」を求めることになります。

6　親　民

王陽明は『大学』の中の「親民」を重視します。すなわち、「格物」の目的もこの「親民」なのです。朱子はこの「親民」を「新民（民を新《あらた》む）」と読ませることで、人民を教化して明明徳を現実のものにするという意味に解釈しました。すなわち、人民の道徳的発展を以て『大学』の目的を達成しようとしています。

この朱子の「新民」論に反対する王陽明の議論に対して、弟子の徐愛は「朱子が言っている『新民（民を新たにす）』は後に出てくる『新民を作《おこ》す』という文に似ていて朱子の議論も根拠があるように思います。先生（王陽明）が旧本にしたがって『民に親む』とされる根拠は何ですか」と質問します。これに対して「『新民を作す』の新は『自ら新たにするの民』であって、『民を新たにする』の新とは異なる。したがって、これを根拠とするわけにはゆきません。『作』の字は『親』の字に対応します。しかし、これは親しむの意味ではありません。後の文章で治国平天下のところでも『新』の意味を示すものではありません」と説明します。「君子は賢を賢として、その親を親しみ、小人はその楽を楽しんで、その利を利とする」と賢人を重用して人民に親しみ、小人は享楽と利益を貪ると、その新民の意味を示します。そして、「赤子を大事にするように、人民の好むところを好み、嫌うところを嫌うものです。これは人民の父母であり、『親』の意味するところです。『民を親しむ』というのは孟子の言うように『親を親しみ、民を仁す』ことなのです。『これを親しむはこれを仁するなり』と言います。書経の百姓が親しまないので舜が契《せつ》を司徒の役につけて五経を教えたのも『民を親しむ』ためであり、堯が峻徳（大徳）を明らかにして九族に親しんだというのも、民に親しんだのです。孔子が自己を研鑽するのも明徳を明らかにして人民を安らかにするというのも民を親しんだのです。こういうように考えれば『民を新たむ』ではなく『民に親しむ』とすることで『教化』と『養う』という両者の意味を兼ねており、妥当となります。『民を新たむ』では偏っています」と、朱子のいうような「新民」ではなく旧本の「親民」であることを主張します（巻上 1）。

そして、「親民」は「明明徳」と同じであると言い、さらに仁者は万物を一体とみなすので、「一物を所を失うことあらしめれば、すなわちこれ吾が仁を尽さざる所あるなり」と言います

（巻上　90）。したがって、「明明徳」の道徳の部分だけを説いても「親民」を説かなければ、「老仏（老荘思想や仏教）」のように家、社会、国家を無視することになるとします（巻上　91）。老荘思想や仏教はもともと王陽明が親しんだ思想で、この根本を否定しているのではないのですが、天下・国家・人民を救おうとする儒学と違って、老仏が個人的な救いの対象でしかないところを批判しているのです。ここでは、「明明徳」という考えだけでは個人の救済を求める仏教と変わらないことを警告します。道徳的な発展だけでなく、人民、特に老人を養うことが政治の基本的目的になります。後で見る「万物一体の仁」という陽明学独特の発想も民を豊かにするという「親民」の概念になるのです。

7　現代における格物とは

「格物」をそのまま読めば革命論にもなります。この意味で、日本におけるこの「格物」を実行したのは幕府の地方役人である大塩平八郎（一七九三～一八三七）でした。貧困に苦しむ民を自らの財産を売って救おうとし、そして、大坂の町に火を放って公然と幕府を批判した行動は当時の世間を驚かせました。そして、これを引き継いだ西郷隆盛や吉田松陰たちが倒幕を旗印にしたのは、日本の歴史を真っ直ぐにする事を求めたためです。すなわち天皇が一貫して天下の頂点の位置にある日本のあり方を曲げているのが幕府であるとし、この幕府を倒し明治維新を引き起こすことで世に「格物」を求めたのです。したがって倒幕がスローガンとなったわけです。幕府が天皇に無断で開国し、下手をすれば外国の植民地になりかねない状況を作ったことに反発して、「尊皇攘夷派」が活躍しましたが、この派の思想の根底には「格物」の考えがありました。もちろん、このような思想は「水戸学」の伝統にもありました。水戸光圀以来、同じ徳川家でありながら「尊皇」を基本としてきた水戸家は結局、最後の将軍、徳川慶喜を送り出すことになります。歴史は皮肉なもので、それが維新という「格物」の対象とされたのです。

このような革命家の陽明学もありますが、「一般人にとって行動とは何か」を議論する必要がありましょう。実践して初めて意味があるとなれば、陽明学に影響を受けた大塩平八郎や吉田松陰のような行動をすべての人に求める必要はないでしょう。大塩平八郎や吉田松陰のように行動することが王陽明のいう「格物」のすべてではないように思います。すべての人が革命家である必要はありませんが、すべての人が「格物」を行なえるのです。我々の周囲を見ても、道義から見て曲がったことは山のようにあります。社会のものはほとんどが曲がっているかもしれません。したがって、「格物」とはまず、「できることをする」ことと考えています。

王陽明自身も山奥の土地に左遷されたときに、学校を作り教育を起こしたのはまさに実践でした。軍隊を指揮して賊軍を討伐したのも実践でした。不遇のときは、友人や身近の人といっしょに勉強し、後輩に勇気を与えることが実践です。それぞれの立場でやらねばならないことを勇気をもって断行することが実践であり、これはすべての人にできることです。社会を真っ直ぐにするだけではなく、自分を真っ直ぐにするのも「格物」であり、自らが自らを「良知」により真っ直ぐにすること自体が学問を行なうことです。むしろ、良知により真っ直ぐになるのは自分であり、その結果、社会は真っ直ぐになると考えるべきでしょう。

しかしながら、今の社会の中では、曲がった物を真っ直ぐにするという「格物」の考えが、非常に弱くなっているようで、残念な気がしています。これは「正義」という概念自体が今日の社会の中で重要視されなくなり、既得権益を中心とした利権漁りの社会になっているところに大きな問題があります。特に、若者が「格物」でなく、「現状肯定」であるのは残念というよりも異常な状態、一種の社会的病理状況にあるように思います。これまで正義の担い手であった若者が「仕方がない」と社会問題に関心を持たない傾向が顕著になっています。「今の若者はどうもおかしい」というのが多くの人の実感でしょうが、正義を主張しても褒められるわけではなく、「バカだなあいつは」としか言われないような社会では良くなりようがありません。勇気をもって発言し、勇気をもって実践するのが陽明学の主張です。

8　科学も「格物の学」

朱子学はヨーロッパで生まれた近代科学と論理構造が非常に類似しています。デカルトが生み出した「全体を要素に還元して論理を組み立てる」近代科学の方法は、朱子学の「事事物物に理あり」、すなわち、それぞれ事事物物に沿って「究理」すべきとする考えに類似しているのです。ただ、科学が真理の追求であり、「究理」であることは、陽明学の全体的な把握の方法とは大きく異なります。

大学で経済学を教えていて感じることは、多くの学生にとって何のために経済学を勉強するのかが明確でないことです。中には、経済分析の手段を身につけて金儲けの手段とするという考えの人もいるでしょう。確かに、経済分析を行なって的確な予想の下に、会社の経営を行ない、利益を上げることはできます。事実、円高で儲ける企業も損する企業もあることは経済を判断することの重要性を示しています。円高で企業が損をすることも不況になることもありません。要は、正確な予測ができるかどうかという問題に過ぎないのです。また、株式売買などの財テクは確かな予測によってしか成功できないので、これらのために経済学を活用することは重要なことです。しかしながら、経済学はもっと重要な役割を持っています。経済システムの構造を明らかにして、社会の諸問題を解決してゆくための改革の方向を示すことです。

筆者の専門である経済学の場合を考えてみましょう。経済学とは先にも述べたように「経世済民の学」です。しかし、中国語では「理財」です。日本でも昔は理財と言われたことも少なくありませんでした。財務省の一つの局に理財局というのがあります。財（goods）の理（theory）ですから、この方が適当なのかもしれません。すなわち経済学は社会科学として、科学的な方法をもって経済システムを分析する方法です。まさに、朱子学的方法としては、経済学をしっかり勉強すると経済システムに関して十分な知識を得ることができ、そうなれば自分が経済システムの中で何をすればよいのかよく分かるようになります。その知識を駆使すれば、会社の経営に成功できようし、また、行政官になって正しい経済政策を行なえば経済運営に成功して経済を安定させることもできます。そうなれば国民の経済状態が良くなって、豊かな生活ができるようになる、といった解釈ができるでしょう。

他方、経済学は社会制度を設計するときの科学的な分析手段です。陽明学的に考えれば、経済学はまさに「経世済民」の学です。曲がった世を立て直すことから議論が始まります。曲がった社会を真っ直ぐにする実践を通じて、初めて社会のあり方が分かるのです。これが「格物」となるわけです。会社の経営陣の不正をただし、国の経済政策の過ちを指摘して直させることが重要になります。そうなれば、本当に社会を理解したことになります。これを通じて、自分が社会の中で何をすればよいかが分かり、それを実行することで経済運営は正されて経済が安定します。そうなれば国民の経済状態が良くなって、豊かな生活ができるようになると解釈できるのです。

朱子学ではまずは勉強ですが、陽明学ではまずは実践と言うことになるでしょう。自らの立場が学生で社会を動かす地位にいなければ、ボランティアに出て社会に直接接することから始まります。その実践を通じて「致知」となるのです。サラリーマンでしたら会社に対しても建議をすべきであり、会社の仕事の中でそれを実行してゆくことが必要になります。さらに、経済運営を間違えていると考えるなら、社会に言論を通じて（例えば新聞・雑誌の投書でも）働きかけてゆくことが重要でしょう。

資本主義経済といっても、金儲けのために何をしてもよいというのではありません。むしろ、資本主義経済は「道徳的経済」を前提にしているのです。人々の欲望を引き出すことで社会を支配しようとすることは是非避けなければなりません。それを避けるためには人々の心を「正さなければ」なりません。経済道徳を皆が守るから資本主義経済が成立しているのです。ヨーロッパで資本主義経済が発達したのも「プロテスタンティズムの倫理」が存在したからであることはマックス・ウェーバーの指摘したところです。日本に儒学を中心にした道徳が存在したことは大きな経済成長を生み出す要因でした。

もちろん、儒学があることによって経済発展が起こるというのは誤りです。本場の中国、韓国、ベトナムで昔から経済が発展していたかと言えば、そうではないのは一目瞭然です。しかしながら、経済道徳が資本主義経済の基礎になっていることも間違いのないことです。ソ連が資本主義経済化して「マフィア経済」になったのは、資本主義経済の必要条件としての経済道徳が存在していなかったからです。先進国でも経済倫理の衰退が大きな問題になっていますが、日本もまったく同様の状況です。

一方では、大学院生の経済学の勉強ぶりを見ていると、単に経済学を勉強して大学での教官ポストを得ようとするだけの者も少なくないようです。確かに、今日の経済学は技術的にも難しいものになり、一種のパズル解きのような作業に情熱を燃やすマニアックな仕事をする若い人も少なくありません。ただ、大学での教官ポストを獲得するためだけに経済学を勉強している人の考えを私はよく分かりませんが、これは社会科学のあり方として異常な気がします。

少なくともこれまで経済学を学ぶ目的は、経済システムの持っている矛盾をえぐり出し、社会改革の方向を示すことでした。Economicsを日本語に訳すときに「経世済民」の学としたのもそのためでしょう。そういう訳で、日本語の経済学にはもともと、陽明学的な内容があるわけです。

もともと経済（Economy）という言葉は、ギリシア語のOikonomia（家計）という言葉から始まっていますが、一方、この言葉はEconomize（節約する）という意味もあります。すなわち、合理的な資源、お金の使い方を意味しています。したがって、科学として近代合理主義の理論として発展してきたのは当然でしょう。西洋の経済学は科学的な合理性の中の議論で行なわれてきました。中国語では、Economicsは理財であり、その意味ではパズル解き的な側面もあながち否定はできませんが、しかし社会科学として社会改革の目的を持ったものでなければ意味がありません。

とはいうものの、欧米の経済学でも合理性と社会性の両方を持っており、社会において、キリスト教的な博愛を実現することがその目的でした。アダム・スミスの主張したレッセフェール（自由放任主義）はこれが博愛を実現するものであることによって正当化されていました。分業や資本蓄積で生産性が上昇することはそれに参加するすべての人の経済生活を引き上げることになり、博愛を広げてゆくことになるので、資本主義経済は道徳的に是認されるという考えなのです。イギリスの経済学者アルフレッド・マーシャルは「経済騎士道」を主張し、彼の“Cool Head and Warm Heart”という言葉はまさに経済学の真髄でしょう。学問は常にこの両面を持つのですが、経済学については後者の立場を重視すべきと私は考えます。まさに社会科学は社会改革の道具となって初めて意味があるので、格物致知の学問としての目的があり、さらにそれは個人にとっては人格形成、そして社会においては仁徳を実現するという大目的があるのです。

社会科学は自然科学とは異なり、現実の社会を改革してゆくための情報を提供しなければなりません。また、経済学者や評論家は社会改革を主張することを仕事としているはずです。人々が経済学に期待するのは人類の英知を社会に生かすことであり、経済学はこれに応える必要があります。このような改革の提言から逃避するだけでなく、経済に対するビジョンも持ち得なくなってしまっては、何のための経済学か、ということになります。この意味では社会科学は解釈の「朱子学」ではなく、知識によって行動を起こす「陽明学」でなければならないわけです。経済学の保守化といわれる風潮は経済学の精緻化をもたらしたとしても、実践的理論というロマンを失わせているのでしょう。現実の経済を的確に認識し、これによって日本経済の将来の展望を開く政策を考えるのは経済学の使命であると考えます。

大学で勉強する学生も、研究する大学人も、また大学だけでなく志ある人に対しては、学問は単に「物にいたる」のではなく「物をただす」ことが基本と考えるべきことを王陽明は説いているのです。

第3章　良　知

1　良知とは

『大学』の次のステップは「致知」です。「格物」によって「知」に至るのですが、朱子と王陽明の議論の仕方に違いがあります。朱子は学問をすることで「知に至《いた》る」と言うのに対して、王陽明は「知を致《いた》す」と読ませます。この考えの背景には後で述べる「良知」をすべての人が備えているという前提があります。朱子は「勉強しなければ知に至らない」と考えるのに対し、王陽明は「すべての人間はあらかじめ良知を持っている」と考えます。「知」をどのように発揮するかという点で、両者の考え方には相当な違いがあるわけです。

王陽明の「知」は「良知」として議論します。「良知」は王陽明自身が五十歳頃に悟ったという概念であり、王陽明の思想の中でも中心的な位置を占め、「巻の中」以降で多く議論されています。王陽明が龍場という辺境の地の駅丞という閑職に左遷され、中国語も話せない現地人の教化に務めた実践の中から得た悟りを引き継ぐ陽明学の原点です。

王陽明の思想の内容を一言で言えば、すべての人はこの「良知」をすでに持っているが、人欲・物欲がそれを覆い隠しているので、人は「良知」を発揮し得ないのだ、ということです。「良」とは、枡で計算してそれを空けるという形の象形文字で、器通りであったとの意味になります。「知」はもともと「矨」という字であり、「矢」は形成文字であり、意味は旁の「吁」になります。「吁」は叫ぶことであり、言葉が次から次に出てくる状況を示します。これは神が乗り移ってべらべらしゃべることで、神の智恵が人に乗り移った状況なのです。そういった精神の状況が器にかなっている事が「良知」と言うことになります。

ここで王陽明は、「知は心の本体であり、心は自然に知ることとです。父を見れば孝を知り、兄を見れば弟を知り、孺子《じゅし》（幼児）が井に入るのを見て自然に惻隠を知る」と言います。この自然主義が王陽明の真髄です。父を見れば自然と孝行心を起こし、兄を見れば自然と弟としての序を守ろうとします。子供が井戸に落ちようとすれば自然と惻隠の情（かわいそうに思う心）を起こすのです。それが心の働きであり、知は心によって自然に知られるというのが王陽明の主張なのです。「惻隠」とは『孟子』（公孫丑篇）にある「今人《いまひと》乍《たちま》ち孺子《じゅし》の将《まさ》に井《い》に入《い》らんとするを見れば、皆怵惕惻隠《みなじゅってきそくいん》の心あり」という有名な一文にある言葉です。このように、『大学』にある致知の「知」は自然の産物であり、わざわざ外から得た知識ではないとします。「良知」も既に孟子の言葉の中にあります。孟子は「人の学ばずしてよくする所のものは、その良能なり、慮《はか》らずして知るところのものは、その良知なり」としています。ここから、孟子のいわゆる性善説の考えが出てくるわけです。陽明学では、この孟子の考え方をさらに徹底して、「あらゆる人に『良知』があり、それを持たない人間は存在しない」とし、これが陽明学の基本になります。したがって、陽明学では分け隔てなく教育を行ない、人欲・物欲を修養によって排除して、この良知を発揮させようとします。

孟子は、自然と知られることを「良知」としていますが、この良知を直接、致知の「知」に結び付けているのが王陽明の特徴です。そこで「良知を致す」ことになるのです。そして、「私意がなければ、惻隠の心を満たせば仁勝《あ》げて用うべからず」と言います。これも孟子の言い方で

「人能く害するを欲するなきの心充てば、仁勝げて用うべからず」

という言葉から来ています。しかしながら、常人にあっては「私意の障害無きこと能わず」として、したがって「致知格物の功（修養）を用いて、私に勝ち理に復る」べきであるとします。心が良知の状態にあり、これを障害なく自由に使えるのであれば「是れ其の知を致すなり。知に至れば意誠なり」とします。そして、良知を致すことで「意が誠になる」のです（巻上　8）。

この知と心との関係について次のような議論があります。

弟子の冀惟乾《きいけん》が「知はどうして心の本体なのですか」と質問しました。これに対して、「知とは理の霊なる所であり、その主宰の側から見れば、「心」と言い、天から授かったところから見れば、これを『性』と言います。孟子が言うように、子供で親を慕わないものはいません。

兄を尊敬しないものはいません。一つの霊能で、私欲から遮断し、充実してゆけば完全に心の本体として働き、天地と徳を合体させることができます。聖人に至らないものは私欲に覆われてこの機能が働かないのです。したがって、「格物致知」に努めなければなりません」と答えます（巻上 119）。

朱子学にあっては、「格物致知」は、「物にいたりて知に至る」ので、知は物について理に到達してから生じるものです。すなわち、「事事物物に理あり」がその根底の考え方です。これに対して、王陽明は「物をただして知を致す」と解釈します。そうすると、致す主体は「心」であるので、知は心の本体となります。惟乾はその王陽明の真意に関して質問しているのです。ここでの王陽明は、説明は知と理・心・性の関係を言っています。すなわち、「知」は「理」から出てくる霊能であり、これが宿り自分を動かしているという側面から見れば「知」は「心」であり、これが天から授かったものであるという意味では「性」だと言います。したがって、知も生来、備わったものであり、霊能であるので、人欲を排除すれば自ずから発揮されるというのが王陽明の主張になります。そこで、欲望を排除して良知を動かせば、「物をただして知を致す」ことになります。

これは学問に対する姿勢を強調するものであり、一般の初学者に対しては「いつ命がなくなるかわからないから、ひたすら努力して修身に努力して、天命を聞くのを待て」という話になります。そして、天命を聞くことができれば、それを傷つけないようにしてそれに従い、そして、聖人の域に入れば心＝性を尽くすことができ、本当の意味で天を知ることになります。「朝に道を聞けば夕べに死すとも可なり」（『論語』里仁篇）との話もありますが、我々「困知勉行」の凡人にとっては勉強して備えるのが最も近道なのでしょう。

陽明学を含めて儒学の場合、学問と宗教の境目がよくわからないのですが、初学者に対しては修養を強調します。私も学生に「だまされたと思って勉強しろ」と言っています。勉強の結果がどうなるかは勉強しなければわからないものです。何を勉強すればよいかがわかるような人はすでに勉強しないでよいのです。知らないから勉強しなければならないし、知らないことをいくら詮索しても仕方がないと思います。

凡人は困知勉行の努力が必要であるのは言うまでもありません。私も恩師の市村眞一先生から「学問をするには素直でなければなりません」とお聞きしたことがあります。この点では自分で言うのもおかしいのですが、私はたいへん素直であったと思います。先生から指定された本はすべて読み、それを理解することから始めました。私は学生にもそのように指導しているのですが、実行できる人が多くないのは残念です。逆に、素直な学生は必ず成功しています。素直でない学生は結局、学問を遂げることができないことになります。

「致知」は王陽明の言うように、「心を尽くす」ことですが、これはまず学問に心を開くことを求めています。学問のすべてはここから始まります。

このように、朱子は致知を「事事物物の理」とするのに対して、王陽明は、「知」は「良知」であるとして、良知を「心の本性」であり、「心の理」であると説きます。「良知は心の本体にして、すなわち前のいわゆる常に照らすものなり」とします（巻中　答陸原静書2）。そして、「事事物物に至る」のではなく、この良知をして「事事物物に致す」実践に導く「格物」であるとします。

王陽明は「良知」を精神の基本としてとらえ、多くの人が求める廓然《かくぜん》大公《たいこう》（大きな心でもって堂々としている）、寂然《せきぜん》不動《ふどう》（心が静かで動かない）の境地を「良知」としてとらえます。「知は良ならざるなし。良知はすなわちこれ未発の中なり。すなわちこれ廓然大公、寂然不動の本体にして、人人の同じく具するところのものなり」と、知は良知に他ならず、良知は「未発の中」であるとします。これは廓然として大公であり、寂然として不動であります。しかも、これは全ての人が平等に持っている性質なのです（巻中　又1）。

この「未発の中」は『中庸』にある言葉で、

「喜怒哀楽の未だ発せざる、これを中という。発してみな節に中《あた》る、これを和という。中なるものは天下の大本なり。和なるものは、天下の達道なり。中和を致して、天地位し、万物育す」

と言ってます。喜怒哀楽の感情が外に現れる前の心の平静が必要であって、それを「未発の中」と言います。この「中」が外に現れると行ないが全て節度にかなったものとなり「和」となります。これは「已発の和」と言います。「中」は天下の秩序の基本であり、「和」は天下の道であって、「中」と「和」が相俟って天下に秩序ができて万物が生成するのだと言います。「良知」はまさにこの「中」に当たっているとし、良知が秩序と万物生成の源泉であると王陽明は考えます。

王陽明は「良知」を天理であるとして、議論を進めます。すなわち「天に先だって天違わずとは、天すなわち良知なればなり」と天は良知そのものである、そして「良知はただこれ是非の心なり」と孟子の言うような是を是、非を非とする心であると言い、「良知はこれ天理の昭明霊覚のところなり」と良知は天理を明らかにして悟るものであるとします。「良知はすなわちこれ天理なり」として、「良知の発用の思いならば、すなわち思うところは天理にあらざるなし」と良知を天理そのものだと言います。

王陽明は、このように「良知」を全ての根幹としてとらえることを基本とします。そして、「良知は是れ造化の精霊（宇宙の精神）なり。この精霊は、天を生じ地を生じ、また鬼神を作り天帝を作った根本のものであってこの世にある一切のものは、みなこれから出て来たのです。これは真に物と対立することのない、絶対的存在です。人がもしこの良知の本体に復帰して完全であり、少しも欠けることがないなら、手の舞い足の踏むことも覚えない法悦境に浸れるのです。一体この天地の間において、この楽しみに代わる何ものがあるであろうか」と述べます。すなわち、良知は宇宙の精霊なので、これが根本となって天地を生み、鬼神を作り、天帝も作るのです。全てがここから生まれます。これに従えば手足の挙動も自然に自ら動いて自分でどうしようと考える必要もない、知らないうちに天地が与えた境地に入ることができるとします。これ以上の何か楽しみがあるだろうか（巻下　61）。

弟子の劉観時が「未発の中とはどういうことですか」という質問をします。「未発の中」とは心が外にまだ出ていない状態が「中」にある、すなわち、心が落ち着いて正しい判断のできる状態をいいます。これに対し王陽明は「君がもし人の見ていないときにも戒慎《かいしん》（自らをいさめ、慎む）し、人に聞かれないときにも恐懼《きょうく》して、自己の心を養うことに努め、心が全く天理のみとなったら、自然に分かるものです」と答えます。観時がその具体的な概略を聞くと、「話せない者は苦い瓜を食べても、その苦さを君に説明できません。君がその苦さを知ろうと思うなら、君も自身が食べてみなければなるまい。（未発の中もこれと同じことだ）」と答えます。その時に徐愛も側にいて「このようにしてこそ真知なのですね。また、それがそのまま『行』なのですね」と言います。この言葉に、その場にいた一同の者悟るところがありました（巻上　126）。

「未発の中」も「戒慎恐懼」も『中庸』に書かれた概念ですが、前者が修養の目的であり、後者がその手段ということになります。王陽明が挙げた例はあまり良いとは思えないのですが、儒学を「簡易」であるとする王陽明なりの表現なのでしょう。そして、「未発の中」も天理にしたがっておれば自然に分かるというのも「知行合一」であるという説明も面白いものです。

2　簡単明瞭な良知

しかも、王陽明は、「良知」を簡単明瞭なものであると言い切ります。あるとき弟子の崇一が、学者（学問を志す人）の弊害として「空に沈み寂を守る」かそれとも「安排思索（勝手な考えに陥る）」することになりがちであると自らの学問上の迷いを質問したのに対して、王陽明は、「良知は天理であるので良知を発用すればそうならない」と断じます。良知の発用は自然であり、簡易明白なので自然に委ねればよいものを、それを私意安排にして混乱して分からなくなるのだと言います。「良知は自ずから知る」と示します。

このように弟子が、勉強に没頭すれば勉強の内容を悩んで気が沈むか、それとも自分本位の勝手な解釈に陥ってしまうのではないかという迷いを告白したのに対して、王陽明は、要するに良知に従えば学問はごく自然にできるので、もっぱら良知だけを考えればよいとします。当時、学問をしようとすれば、それこそ万巻の書を読まなければならず、しかも科挙試験を通らなければならないという現実があるわけです。弟子はその悩みを話したのですが、王陽明は「良知に従えばよい、簡単なことだ」と、あっさり言います。王陽明らしい楽観論ですが、良知の存在ということに対する絶対的な信頼がそうさせるのでしょう。同時に、「この良知がわかれば難しい書物も簡単に理解できる」と話すのです。しかし、王陽明の言うように「良知は自然で、簡易明白なもの」ですから、身近なところから良知を感じるようにすればよいとの考えではないかと思います。

「簡にして易なるもの」というのが王陽明の口癖になります。良知をもってすれば、格物も知行合一も簡単にできるというのが王陽明の主張です。読書しても理解し難いのは、良知が発揮されていないからであり、行動が出来ないのも良知が発揮されていないからなのです。人欲を排して良知を発揮すれば、勉強も仕事も極めて「簡にして易なる」ことになります。ここが陽明学を理解できるか否かの分かれ目になります。

「論語に『孔子が弔問に行って帰ったときは歌を歌わなかった』とあるのはどういうことですか」という質問に対して、「聖人の心は自然にそうなるものだよ」（巻上 60）と答えていますが、これも同様に、自然な心にしたがって動くことの重要性を指摘したものです。ただし、日本人には分かりにくい話です。

3　良知の学

このように「良知の学」は陽明学の中心的な位置にあり、良知は「心の本体」として全ての人に存在することを確信するゆえに、実践についての楽観論を唱えることになります。王陽明自身、龍場では異民族のなかの行政官であり、その立場は容易なものではありません。その困難な状況を経験して、彼が「良知の学」を生み出し得たのは、「良知」に対する絶対的確信があったからこそです。そして、その後、私塾を開いて若者の指導に当たります。その際、「良知」が発揮されないのは「人欲」のせいであるとして、これを除去することを修養の目的としたのです。ここで王陽明が腐心したことは「良知を育てるにはどのようにすればよいのか」ということでした。

それでいて、王陽明は本来すべての人が良知を（潜在的に）持っているという楽観論なのです。同時に、人びとは人欲から離れられず、良知と人欲は裏腹の関係にあることを前提にしています。そこで、人は進化的に成長してゆくもので、良知と人欲の間を行き来し、進化してゆくことになるのでしょう。これはまた「ゆらぎ」をもって「実践」の中で育てられるものです。この点に関しても、王陽明は粘り強く、弟子たちに「良知」を得るために「人欲を排す」とともに、「実践」を強調したのです。

ただ、「良知だけですべてわかるのか」という点について私も「桜下塾」でもよく議論しました。例えば、失業をなくさねばと考えたときに、経済のメカニズムを知らなくてできるのかといった点です。また、世の失敗の大半はよかれと思って行なったことに原因があります。「事事物物の理」も必要ではないかと議論したところです。実践としての「理」と科学としての「理」は違うのではないか、また、前者は「倫理の理」であり、後者は「論理の理」ではないかとも議論しました。心の良知にしたがって行動することは理解できても、その良知とは何か、良知を磨くのにはどうしたらよいかを修得するのはなかなか難しいことです。

王陽明は、良知の学が忘れられてからは自分勝手な考えで争うようになってきたのだと言います。学問を行なう者は今でもこのような精神をしっかりと持つ必要があります。大学で教えていると、適当に授業を行ない、何年かに幾つかの論文を書いて、年に一度、学会に行って仲間と議論して、満足するというような生活になりがちです。特に厳しく勉強しなくとも既に獲得したポジションを剝奪されることはありません。研究をさぼっていても減給になることもありません。この点では人がうらやむ職業です。ここで、がんばって新しい理論を開発したり、学会の主流に異を唱えたりする必要は全くないのです。しかしながら、学問は「良知の学」であり、特に経済学は「経世済民の学」であって「良知」をこそ基本とすべき学問です。身命を賭して学問を行なうのが学者の務めです。これは後で述べる実践の学問として、社会の改革に移ってゆくことになります。王陽明の姿勢は学者の基本となるべきです。

4　良知はどう磨けるか

澄という弟子との問答の中に「良知」を磨くための参考になることがあります。質問は「孟子は『道は一つ』と言っているのに、いろいろな人がいろいろなことを言っているのはどうしてなのか、道を究めるには何か要領があるでしょうか」というものでした。これに対して、王陽明は「道というのは形や所があるものではない。したがって、一つの考えにこだわる必要はない」と言います。「人が天について説く場合、具体的に天そのもののことを言っているわけではありません。天にある太陽や月や風・雷などを天であるというのはよくないし、地上にある人や物、草木を天でないというのもよろしくありません。道は即ち天にほかならないからです。この道理が分かれば、道とは何であるかが分かり、あらゆるものがすべて道であると理解できるのです」とします。ところが、「多くの論者は己自身の狭い見解を道と見てそこに留まっているので、いろいろな違いが出るのです」と説明します。基本は「心の本体を求めれば、自ずから道にたどり着く」ことを主張します。「古に亘《わた》り、今に亘り、終無く始無し」といいます。心を知れば、道を知り、天を知ることになります（巻上 67）。すなわち、己の心に道や天を求めることが肝要であることを主張するのです。真なるもの善なるものは心にあるという考えです。

そこで、それぞれが違った「道」を言っているとしても「道」にどうして違いがあるかということです。心もまた道であり、道は天なのです。心を知れば道も分かるし、天も分かることになります。道を考えようとするのであれば、自分の心から「体認」しなければならなく、道を外に求めてはならないと言います。

通常、我々が勉強するといっても、それは何らかの法則であり、一見、自分の存在とは無関係な「客観的」なものと理解して勉強しています。しかし、本当にそうか考えてみると不安になるはずです。我々は事物を「客観的」だとしか考えていないのです。すなわち、「客観的」

という「主観」によってしか見ていないのです。例えば、歴史的事実というのがあります。しかし、過去に起こったことは全て歴史的事実です。ところがこれを原寸大で理解することは不可能です。原寸大の地図はありませんし、もしあったとしても利用不可能です。地図には何かの捨象があるのです。歴史も歴史観という主観によってしか理解不可能です。したがって、そこに「良知」が求められるのです。「良知」にしたがって歴史を解釈していくことが求められるのです。「心」が判断しているのです。これは自然科学においても全く同様です。すなわち、学問と言われるものは全て心の学問なのです。したがって「良知」がその軸になるのです。しかもこれは理屈で分かることではなく「体認」しなければならないことになります。

また、「人々が作った名前や文物、制度など（名物度数）もまた細かく勉強しなければならないのですか」との質問に「自分の『心の体《たい》』を実現することを求めて勉強すれば、その活用方法はその中にある」といって、心の修養を重視します。「心の体を修養して『未発の中』にあれば自然と「節」をわきまえた調和の中にあります。自然にやって旨くゆかないものはない」とまずは心の姿勢を貫きます。心がなければ制度についていろいろ勉強してもそれは飾り物にすぎません。現実に問題が起こっても、実行できないものになります。制度の勉強をしても役に立たないとします。心の勉強と制度の勉強のどちらが重要かが分かれば道は近いことになります。

王陽明の考えでは、「良知」を持てばいわゆる「知」は容易に学習でき、人は才能にしたがって仕事ができるとします。「夔《き》の楽、稷《しょく》の種」というのがあります。舜は夔を礼楽担当の大臣に、稷を農業担当の大臣に任命したのですが、彼らは才能を発揮して立派に仕事ができたのです。このように仕事で成功するには「心の体を天理に純粋に従わせること」が必要になり、その才能も天理から生まれて来るものであって、天理が実現したのを人々はこれを「才能」と呼んでいるにすぎないと言います。天理に純粋に従うことになれば、一つのことしかできない「器《うつわ》」ではなくなり、何でもできるようになるとします。「夔・稷」の場合でいうと、その仕事を入れ替えてやらせても立派にできたはずであると主張します（巻上　68）。心の修養ができれば、礼楽でも農業でも何でもできるといいます。この点は本当に正しいように思います。一芸に秀でていれば多芸に通じるといいます。また、思いが一念となれば、他の分野のことでも簡単に勉強できてしまいます。

また「富貴」な立場にあればその立場に応じて「富貴」に行ない、「患難」にあれば「患難」に十分に対応することができるようになるのは、それぞれの「器」によるのではありません。これは心の本体を正しく養いえた人だけができることです。

数町歩あっても水が湧き出る源のない池よりも、深さ数尺でも水が湧き出る井戸の方が「生意」を極めているといって、学問の本質が重要であることを喩えで言っています（巻上　69）。

ここでも、王陽明は個々の学問の勉強ではなく、その本質、すなわち心の本体の修養の重要性を指摘します。心が天理にしたがっておれば何を行なっても大丈夫といいます。個々の学問を勉強しなくて良いと言っているのではありませんが、本質の方が大事だと言うことを強調しています。私の友人が「法学の勉強で重要なのは判例を覚えることではなく『リーガルマインド』を身につけることだ」と言っていたのを連想します。経済学においても理論や制度（名物度数）を勉強しなければなりませんが、それ以上に重要なのは「心」です。経済学では「経世済民」の心を理解することが重要なのです。民を済うとの思いがなければ経済学ほど空虚な学問はありません。

とはいっても、王陽明が常に強調している「心を磨く」ことは難しいことです。これは暗記でできることではありません。学校での暗記を中心とした勉強ほど楽なものはありません。暗記さえすれば終わりです。これに対し、心の教育は難しいものです。

では、どうすれば心を磨けるのでしょうか。王陽明は「四書五経」を心で読め、と言っています。これは、勉強する際の方向性の問題です。本物の勉強とは他人から褒められたり、知ったかぶりをすることではなく、心の中で「慎独」することです。

四書五経は儒学の伝統のすべての真理を包含する書として読まれてきており、その注釈をめぐって、「古人には多くの道がある」といわれますが、それは儒学を超えたさまざまな学派があるということではありません。例えば、ユダヤ教においても旧約聖書を読むことが勉強です。これまでユダヤ人が諸科学の分野で果たした役割の大きさには驚かされますが、おそらくその旧約聖書を読んでいることが重要なのでしょう。山本七平氏が「およそ人間に関することで聖書に書いてないものはない」と言っていましたが、その通りでしょう。

われわれ日本人は戦後、宗教や思想を教育しなくなりましたが、これは考え直すべき大きな問題です。どこの国でもやっている宗教・思想教育を日本は放棄したのです。その一方、学校教育で「名物度数」ばかりを教えるようになり、心については何も分からなくなっているのが今日の状況です。経済学も法学も名物度数です。しかも、現代の学生は主体的に勉強していると言いながら、その実、彼らの意見は彼ら本来の考えとはいえないのです。学生に議論させると、ほとんどの学生が自分の意見だと言って受験のために覚えた高校の先生の意見の受け売りをするのが常です。結局、多くの学生が「学校で勉強した」というのは本当の学問を「勉強した」のではなく、受験のために記憶したにすぎません。物を考え、実践するという意味では「勉強しなかった」のでしょう。「心の本体」を意識した勉強でなければ意味がないのです。これからでも遅くないので、学生の皆さんは是非がんばってこの意味の勉強をしてください。それには大した努力はいりません。一日一度でよいから古典（何でも良いのです）を自らの「心の本体」と照らしあわせて読むことがよいと思います。

王陽明の「良知」とは「やむにやまれぬ心の衝動」です。何かあると人がよく口にする「仕方がない」という考えは精神的堕落であり、良知とはこれからの脱却を意味しています。吉田松陰がペリーの黒船で密航しようとしたときもそうでした。

かくすれば、かくなるものと知りながら
　　やむにやまれぬ大和魂

という吉田松陰の心境は陽明学の実践のスタイルでした。実践が良知を育てるのです。良知が実践を生み、実践が良知を育むことの重要性を現代にいかに生かしていくかが課題ではないかと思います。後で詳しく述べますが、王陽明の「万物一体論」は、他人の苦しみを自分の苦しみとする強い感性が前提となっています。このような感性がなければ良知は発揮されないのです。これは学問に携わる者、特に社会科学者には欠くべからざることだと思います。

もちろん、王陽明は制度や技術的なことは無視してよいと言っているのではありません。ただ、これらが備わっても、それだけでは十分でないと言っているのです。これについて次のような議論があります。弟子の黄誠甫が「朱子は、顔淵が国を治める方法について質問したのに対し、孔子が『萬世常行の道を立つ』（万世に行なえる理想の治世の法を立てる）と答えたとしていますが、これについてはどうお考えでしょうか」と尋ねています。王陽明は「顔淵は孔子の考えを具体的に理解している人でしたので、国を治める政治の根本についてはすべて完全な形で身につけていました。孔子は平生そのことをよく知っていたので、それについてくわしく話す必要はなかったのです。そこでただ、制度や文教に関してのみ話をしたのです。これらも粗略にしないで、必ずこのように最善を尽くしていたのです。自分の本領とする心が正しいからといって、禁令や規則などをおろそかにすべきでありません。（孔子の言うように）鄭の音楽のような退廃的なものを排除し、人に迎合するような人を遠ざけなければなりません。そもそも顔淵は己にうち勝つ力が強く反省的で、徳を備えた心の持ち主でしたから、孔子はその面では心配していないのですが、外面的な些細なことで粗略にならないかを心配したのです。つまり、孔子は顔淵の足りないところを補うように説いたのです。もしこれが他の弟子であれば、『政治を行なう根本は有徳の人物の登用にある。有徳の人物の登用には君主自らが模範になるべきだ。自分自身を修養するには道を追求する。道を追求するには仁を以ってする』という『中庸』の言葉や、達道（君臣・父子・夫婦・昆《こん》弟・朋友の道のこと）あるいは九経（身を修め、賢を尊び、親を親しみ、大臣を敬し、羣臣を体し、庶民を子とし、百工を来し、遠人を柔らげ、諸侯を懐《なつ》けること）を、さらに身を誠にするためのさまざまな努力をすべきことを言ったでしょう。これこそ正に『萬世常行』の政治の道なのです。そのことに思いを致さず、ただ孔子の言葉通りに、夏の時代の暦に従ったり、殷代の車に乗ったり、周の冠を着けたり、舜の韶の舞を舞ったところで天下が治まるものではありません。後世の人は、顔淵が孔子の門弟の第一人者であることから、彼と孔子との国を治める方法についての議論をみて、この点を「天下の大事」と見ているだけなのです」（巻上　129）。

孔子は、相手が自分の考えをよく理解している顔淵だから、国を治めるための細かい点を指摘したのであって、国を治める基本は「道」なのだと主張します。なお、「政」という字は偏の「正」と旁の「攴」からできており、偏は「セイ」という音を表し、旁は「手に持つ棒」という意味です。したがって、漢字の「政」は武器で討つことを意味しています。これに対し、日本語では政治のことを「まつりごと」と言いますが、「まつりごと」はもともと神道の行事を行なうことです。これを見ると、政治についての考え方において、日本人と中国人とは少し距離があるように思います。

いずれにせよ、王陽明も基本は儒学ですから礼楽による支配を否定していません。きっちりした政治の形を求めるのも当然として、人間のあり方を中心に考えているのです。

また、弟子の澄との「知」についての論争があります。「心は身体の主です。心は霊妙神明なもので、これは『知』です。知が動かすものは『意』です。そして、意の至る所が『物』です。このように考えてよろしいでしょうか」と聞くと、王陽明は「まあいいだろう」と言います。先に述べたように、物とは「牛」と「勿」を結びつけた字であり、まだらな牛という意味です。万物は不揃いな物と言うことになります。そこで、これは現実ということなのでしょう。澄の質問は知・意・物の関係を聞いています。霊妙神明が「知」となり、これが「意」となって「現実」となるのだという王陽明の理論を整理したものです。ただ、王陽明の答えも素っ気ないものです。王陽明はもっと直截的に物を格（正）すという説明が欲しかったのでしょう（巻上　79）。

5　「操存舎亡」と「無出無入」

弟子の澄が『孟子』の中の「操存舎亡」の章（ここで孟子は孔子の言葉を引用し、良心は操守すれば存し、放置すれば失われるから操守存養に努むべきである、と言っています）について質問しました。これに対する王陽明の答えは次のようなものです。この言葉は、孟子が「心の出入りには決まったときが無く、心の本来のあり方も分からないものだ」と孔子の言葉を引いて言ったのは、一般人の心について説明したものです。学問を志す者も、心の本体とはこのようなものと知れば、「操存の功夫（心を守り保持する修養）」が大切だと分かります。ただ、ここで心が外に出るのを「亡う」としたり、入ることを「存（そこにある）」と理解してはいけません。心の本体に関して議論するのであれば、心は元来「無出無入（出ることも入ることもない）」なものです。しいて出入という言葉を使うのなら、思慮運用（心が思慮し、働く）は出るに当たるが、その主宰（その作用を司るもの）は光を放って心の中にあるのだから、どこからか出てくるものではありえません。既に出るところに無いのにどうして入る必要があるのでしょうか。程明道が「心を常に腔子（体内）に留めておかなければならない」と言ったときの「腔子」とは天理のことにほかなりません。心は一日中、外との関係で応酬していても天理が自分から出て行かないのも、天理が体の中にあるからです。もし、ここで天理が離れていったとすれば、「放心」であり、「亡心」ということになります。また、心が出入するとは動静の意味であり、動と静とは循環していて止むことがないのですから、心に一定の在りかなどあるはずがありません（巻上　49）。こうして王陽明は孟子の言葉を使って、天理はもとから心にあるのであって、出入りするものではないとします。

王陽明の思想では良知はすべての人にもともと備わっているので、「出入りはない」というのがその原則になります。孟子は、放っておくと天理が抜けてしまうという心配になるのですが、これには賛成しているのではありません。しかし、もし本当に天理が逃げていったら放心、亡心だということになるといいます。

「定は心の本体にして、天理なり。動静は遇うところの時なり」といいます。「定」とは心が落ち着き安定している状態を示しています。これは静と同じものでしょうが、より確固とした落ち着いた状態を示すものなのでしょう。定は心の本体のあるべき姿であり、天理を得ればそれが実現できるのだというのです（巻上　42）。

また、「孟子にある『志至り、気次ぐ』というのはどういうことでしょう」との質問に対して、王陽明は「志を持てば気は自ら付いてくるものです。朱子が言うように志が一番で気がそれに次ぐ二番目に重要なものという意味ではありません。志を持てば気は自ずから宿ってくるものです。その気を無駄にすることがなければ、志を保つことになるのです。孟子については告子の説が偏っていたので、これに注釈を与えてこのように言ったのです」と答えます（巻上　74）。朱子学的には精神の状態である志を第一とし、身体的状況を伴う気を第二とします。気が行動を起こすので、これを第二とすることには、王陽明は反対します。これは、「志」は自ら行動を起こす「気」につながるという陽明学の考えを示しています。

弟子の澄が「格物とは正すことですので、心の動いているところで修養することなのですか」と質問したのに対し、王陽明は「格物を論じるのに動静を議論すべきではありません。静もまた事にほかならないからです。孟子が言うように『必ず事とするあれ』ということであり、これは心の動静にかかわらず、常に意を用いよということです」と答えます。孟子の「必有事焉」とは公孫丑上編にある言葉で、浩然の気を養うのに義を集めることを常に心がけておくべきことを説くものです。王陽明にあっては「物」は「事」と同じなので、「格物」の「物」も「事」であって、したがって静でも動でも区別する必要がないことを言うのです（巻上 88）。儒学では一般に心が静にあることを求めますが、王陽明の「物をただす」というのであれば動くところ心にあるのではないかと言って、王陽明の矛盾を突く質問をします。これに対して、王陽明は孟子の言葉を使って義を集めることの重要性から格物を説き、静でも動でもないといいます。

弟子の侃が先儒の説である「心の静を以て体となし、心の動を用とする」という言葉について質問します。王陽明は先の話と同様に、「動静を以て体用の区分とすべきではありません。体について言えば、体は用にあり、用について言えば、用は体にあり、『体用一源』と言います。静を以て体、動を以て用と考えればいいのではないか」と言います（巻上 109）。体とは本体のことで、用とは作用のことです。したがって、一般論的には、静は本体をつかむための修養になり、動によってそれが作用するという考えになるのでしょう。朱子の議論に対して、体と用は一体であると言い、したがって動静を区別する必要性のないことを言っています。

第4章 心即理

1 心と理

『大学』における「明明徳」に至る道程において、「格物致知」の次の標語は「正心誠意」です。社会において何かを行なうには「心」を正しく持たねばならず、それは「格物致知」によって実現されるのですが、王陽明にあってはこの「心」は極めて重要な役割を持つことになります。すなわち、朱子学的に考えれば「物にいたりて知にいたる」わけであり、そうすれば「意」が「誠」になって、「心」が正しくなるのですが、王陽明にあっては「心」はすべての源泉になるのです。「心」はただちに「理」を意味しており、「理」は「心」以外に存在しようがないことを説きます。すなわち、王陽明は「心即理」であることを示します。「心」とは言うまでもなく心臓の象形文字であり、心房（大きく曲がっている部分）と血管（点の部分）からなっています。心臓は精神の宿るところであると考えるのは洋の東西を問わずすべての人々の感じているところです。

この「心即理」は陽明学の中で最も基本的な考えです。この考え方は朱子学の主張する「性即理」に対して対立的な考え方といわれます。朱子は『孟子集註』において「性とは心が具有している理であり、そのうえに天理が発出する根源である」と言っています。これは「性即理」の考えを示すもので、孟子の性善説を引き継いだ朱子の基本的な発想になります。

王陽明は「虚霊不昧、衆理具わって万事出ず。心外に理無く、心外に事無し」（巻上33）と言います。すなわち、「心は『虚』であり姿はよく分からないが、霊の働きを行なうもので、吟味し尽くせないもので、そこにすべての『理』が備わっており、すべてがそこから生まれ出る。したがって、心の外に『理』はなく、心の外に『事』はない」と極めて簡潔にまとめています。

「心」が「虚」であり「霊」であるというのは、王陽明の理論の真髄になるものです。王陽明はそこに「理」と「事」を求めることになります。「虚」はもともと丘の意味であり、仏教で強調される「空」とは異なります。したがって、ここでは単に目に見えないもの、実体のないものと読むよりも、「虚」にはもっと積極的な意味があると読んだ方がよいでしょう。朱子学では理気二元論で「虚」が「陰陽」に分かれて「理」と「気」を生じることになります。

また、陽明学では「霊」を重要視して随所に出てきますが、鬼神の来降する「巫」を意味しているので、「神の声」と読めばよいでしょう。「虚霊」を否定的に見るのではなく「創造の基本」として積極的に見る方がよいと思います。すなわち、「心」は「虚霊」であるので、ここから万物が生まれ、したがって「理」が備わり、「事」が生まれてくるのです。もともと「理」とは玉の裂け目や文様のことであり、真っ直ぐな筋目ということになります。また中国ではその家が行なっている仕事を示すために立木に目印の旗を付けていました。それが、「事」という字の意味です。「事に臨んで」といえば「やらねばならないことに直面したら」という意味になります。「事」と「心」の関係を明記したところは多くありませんが、心にあるものを実行（実現）しなければならないという「知行合一」の考え方が出てくる源はこのあたりにあることがわかります。

「事事物物」に理があるとする朱子学にあっては、それぞれの性（本質）が「理」であるとします。これに対して、陽明学は、「事事物物」に「理」があるのではなく「心」に「理」があるとします。観察の対象である「事事物物」に「理」を求めることは「外」に「理」を求めることになり、「義外（外に義を求めること）」になると批判します。「体」の主宰者である「心」に「理」があるために、実践がすべてになるべきこととなります。多くの陽明学徒をして行動に移させる原動力となったのがこの「心即理」の理論なのです。

これに関して弟子との面白い論争があります。弟子の徐愛が「至善を心に求めると世の中の事理を十分に説明できないのではないですか」と質問したのに対して、「心は即ち理なり、天下また心外の事、心外の理あらんや」と言い、「事」、すなわち行なうべき事も、「理」、すなわち道理、本質は「心」以外にはないと言い切ります。徐愛はこれに反論して「父に対しては孝があり、君に対しては忠があり、友と交わるのは信であり、民を治めるのは仁ではないですか。このように事事物物（父、君、友、民それぞれ）に異なった『理』があるのだから、それらについても探究すべきではないでしょうか」と質問します。これに対する王陽明の答えは、「孝は父の上にあるわけではなく、忠が君の上にあるのではなく、信が友の上に、仁が民の上にあるわけではありません。すべては心の中にあります。すなわち、『心即理』です」と強調します。道徳はその対象があるから道徳なのではなく、対象に対する「心」に道徳があるという反論です。もともと王陽明は対象と自分を分けることに反対しています。その「心」に私欲がなければ自然に「天理」が実現するとして、「ただ、人欲を去る修養をして天理に対して『純粋な心』を持てばそれでよいのだ」と言います。心の本性を導くことが「至善」なのだと言います。

これに対して、徐愛もひるまず「分かるような気がしますが、どうも朱子の考えに影響されているのかもしれませんが、父に仕えるには温清定省といった礼があるではないですか、こういった点をもっと追及すべきではないですか」と質問します。「温清定省」とは礼記にある親に対して行なうべき礼であり、冬の寒いときには温かくしてやり、夏の暑いときには涼しくしてやり、夕方にはゆっくり眠れるようにしてやり、朝方にはご機嫌を伺うようにするという孝の具体的内容を示したものです。こういった具体的な形にしないと天理が実現しないのではないかという反論をしたのです。

王陽明の答えは「まさにその通りだ」とし、「心の孝を尽くすべき」と言います。「もし、人欲がなく天理に従えば、親に対しては自然に孝となりたいという誠の心が生じ、冬には父母の寒さを考えて温かくすることになり、夏には父母が暑がっていることを考えて涼しくさせようとするなど、自然に道理を求めようとする」はずです。すなわち、このような「孝」の具体的な行動は対象があるから要求しているのではなく、それをせざるを得なくさせる自らの「心」がそうさせているのだと言います。「孝は心より発する条件だ」と教えます。義は内にあり、外にないとして、義を外に求める「義外」を厳しく批判します。

ここで、「孝も心が根で、多くの条件は枝葉であって、まずは根を尋ねなければならない」と言います。すなわち、心が基本で、条件はその派生でしかないのです。したがって、まずは「根」から始めて「枝葉」に至ることが重要です。さらに、「孝心ある者はいつも和気あいあいとしており、和気あいあいとしている者は楽しげな顔をしており、楽しげな顔の人は従順な人なのだ」と言います（巻上　3）。

王陽明の求める人は優しく楽しげで従順な人なので、それは人欲のない心から出てくるのだと言います。和気あいあいとして楽しげな顔をしているのが、孝心ある証とするのは面白い見方です。

「義外」に対する批判を、別のところで「心外無物」という表現でも行なっています。すなわち、「心の外に物なし」というのは「親に孝行したいとの一念が心に生まれれば、自ら孝行を行なうようになる」というものです。王陽明は常に「心」を強調しますが、心の外に何かしようとすることはあり得ず、心に生じた一念を実行するだけだと言います（巻上 84）。

また、鄭朝朔という弟子は「先生の説では『至善』は心にあるというのですが、『事物』の上にも求めるべきではないですか」と問います。王陽明は当然、「至善は『心の天理』に純粋であればよく、『事物』に求める必要はない」と断言します。「あなたがそう考える理由を言って下さい」と王陽明が追求したのに対して、朝朔は「親に事《つか》えるというのは『温凊の節（親に暑いか寒いかを気遣うという礼）』をとらねばなりません。そして、奉養（養育）をするのについては、最高のものを求めなければなりません。それが至善です。そのために学問があるのです」と答えます。それに対して、王陽明は「その程度であれば一日二日の講義を聞けば十分でしょう。温凊や奉養といっても『心の天理』に純粋になる必要があり、これが学問の必要な所以です。わずかな差が千里の差になるのです」と教えます。「舜や禹でさえ『精一の訓』が授けられました。形だけの孝行を行なって至善というのであれば、俳優が物を真似るのも至善ということになります」と批判します。「精一の訓」とは経書にある「惟《こ》れ精、惟《こ》れ一、允《まこと》に其の中を執れ」という言葉に基づくもので、心の天理に純一であれとの意味です。形だけのことで「至善」と考えるな、「心の天理に純一」であって初めて至善になるのだと言うのです。

ここからも分かるように王陽明の議論は「心の至善」を求めることであり、優しい人間の本性を発揮することこそ「天理」だというのです。理は外からではなく、心から生まれるものであることを現代の我々は多分に忘れてしまっているのです（巻上　4）。

　王陽明は、心に天理があれば、それは自ずから言葉に表れてくると言っています。「言葉に統一性がないことは、心に天理がない」ことを示しています。この命題の対偶を取れば、心に天理があれば、言葉に統一性ができることになります。それ故に、まず心に天理を持つこと、そうすれば正しい言葉を述べることができ、他人からの信頼も得られるのです（巻上　81）。

「精一」はほかでも議論があります。徐愛が「朱子のいう道心が常に一身の主になれば、人心は常にこの命に従うことになります。先生の『精一』の教えによって考えてみますと、この語に問題があるように思います」と質問します。王陽明は「そのとおり。心は一つです。心に人偽が混ざっていない場合にこれを道心と言い、これが混ざったとき人心と言います。人心が正を得たときは道心であり、道心が正を失ったときに人心になります。人間に初めから二つの心があるわけではありません。程子は『人心は人欲のことで、道心は天理だ』と言っていますが、これは心を二つに分けているようでいて、実は主旨において間違っていません。しかし、（朱子が言うように）道心を主として人心に命を聞かせるというのは、これは心を二つに分けるものです。天理と人欲は並び立ちません。天理が主となって、人欲がこの命を聞くというようなことがどうしてあり得ようか」と朱子の議論を批判します（巻上　10）。王陽明は、心を二つに分けることを強く批判し、心が二つあるというのは矛盾でしかないと強く言います。

　この「精一」に関する王陽明の解説があります。陸澄が書経にある「惟れ精、惟れ一」のためにはどのような修養をすればよいのでしょうか、と問いかけました。王陽明の答えは次のようなものです。

「惟れ一」は「惟れ精」の主意、「惟れ精」は「惟れ一」の修養で、「惟れ精」の他に「惟れ一」はありようがないのです。「精」の字は米に関連した字なので、米にたとえましょう。「舂《しょう》簸《は》篩《し》揀《かん》（臼で擣《つ》き、箕であおいで、ふるいにかけて屑を除き選ぶ）」という努力をしなければ純粋に白い精米は得られません。「舂簸篩揀」は「精の功」です。しかしながら、これは米の白さを求めているにすぎません。『中庸』にいう「博学・審問・慎思・明弁・篤行」は「惟れ精」をなし「惟れ一」を求める所以です。すなわち、博文は約礼の功、格物致知は誠意の功、道問学は尊徳性の功、明善は誠身の功であって、二説ではありません」（巻上　26）。すなわち、「惟れ一」とは天と自分が一体になることであり、「惟れ精」とはそのための過程という考えです。すなわち、「精」とは純粋なものを求めるのですが、これは「一」すなわち天理と一体になることが目的なのです。天理を求めなければ純粋になろうとすることも意味がないとの主張です。王陽明は人欲を排して純粋になり、天理に従って一体になることをその修養の目標としていますが、ここでも天理との一体化とそのために純粋になることは一つのことだと主張しています。これは王陽明の人生における理想追及の厳しさを示すものです。

心の問題は教育問題として議論されることが多いのですが、「教育は心を育てるもの」という認識が必要なのです。今日の子供の心の荒廃をニュースで聞くたびに心が痛みます。このような状況の背景にあるのは、今の子供たちの「人欲」です。子供は子供なりに、王陽明のいう「人欲」に陥っているのです。それは社会一般が人欲に陥っていることの反映なのでしょう。現実の子供は必ずしも純真ではなく、物欲や刺激欲でいっぱいです。それが満たされない時には、イラ立ち、キレルのです。したがって子供といえども修養していない人欲のかたまりであると考えねばなりません。昔の子供は人欲を刺激するものに接する機会が少なかったので、人欲が小さかったため純真だったのかもしれません。自然の中で、のびのび育った子供たちは人欲と最も無関係な存在でした。それに引き比べ今日の子供たちは物欲が強く、学校でも勝手気ままな行動をとりたがります。自宅ではテレビゲームで自分の欲望を満足させることばかりを追及しているようです。こんなことでは先が思いやられます。自然に接することの重要性をつくづく感じます。学校は人欲を刺激し合うために集まっているとすると、何のために学校に行っているのか分からなくなります。学校では人欲を排す教育を復活させることが望まれる所以です。

澄が「心が物を追って落ち着きません。いかにしたらよいでしょうか」と質問します。王陽明は「人君は端拱清穆《たんきょうせいぼく》（正座をして手を組み心を清浄で静かにしていること）し、各大臣が職務を分担し、それぞれの職務に専心しておれば天下は治まります。心が五官を統制するのもこのようでなければなりません。今、目が見ようとする時、心が目を追っかけて色のところへ行き、耳が聴こうとする時、心が追っかけて声のところへ行くのは、君主が官吏を選任する時、君主が自分で吏部（役所）に行って座り、自分で兵部に座って軍隊を動かすようなものです。このような行動をとれば君主はその実体を失う（君主が君主でなくなる）だけでなく、大臣もその職分を果たせません」と言います（巻上　71）。儒学では心の落ち着いた境地を重要視しますが、それを達成する方法を説くのに大臣の話を喩えに持ってきているのが面白いところです。君主が大臣の仕事をしてはいけないことを説明して、心が目耳鼻などの五官の代わりをしてしまってはいけないと言います。心は君主のようにどんと構えて、外界との交流はそれぞれの器官に任せれば心が動揺することはなくなるというのです。心が中心になってどんと腰を落ち着かせれば、身は修まるという考えです。これは比較的簡単なことと思いますので、実行してみればよいと思います。

2　心即理と性即理とはどう違うのか

王陽明は「心即理」であるのに対して、朱子は「性即理」であるという議論があります。しかしながら、それは後世の人が両者の説を比較して議論しているのであって、王陽明自身がそのように対立的にとらえて議論しているわけではありません。『中庸』に性・道・教についての議論があります。馬子莘《ばししん》が「道を修めることが教えであるとの説（『中庸』の最初に出てくる『天の命ずる、これを性という。性にしたがう、これを道という。道に修むる、これを教という』という説）について、朱子の学説によると、教えとは、聖人が人間固有の本性を適切に秩序立てて天下に示したもので、礼楽刑政（礼儀・音楽・刑罰・政治）などがそれである、といわれていますが、この考えはどうなのでしょうか」と質問します。これに対して、王陽明は「道はすなわち性であり、天の命です。これはもとより完全無欠なものなので増えも減りもせず、これを飾ることもできないものです。どうして聖人がこれを秩序立てて整える必要があろうか。（もし、その必要があるとするなら）性は不完全なものになります。もともと礼楽刑政は天下を治める法であって、これは教えと言えるでしょう。ただ、これは子思（『中庸』は子思の作と言われています）が言おうとした本旨ではありません。もし、朱子の言うようなものであれば、下段（先の中庸の文章に続く『道なるものは須臾も離れるべからざるなり。離れるべき道にあらざるなり。この故に君子は其の見えざる所に戒慎《かいしん》し、聞かざるところに恐懼《きょうく》す』という文章）の教えによって道に入ろうとするときに、なぜ礼楽刑政の教えを言わないで、それとは別に『戒慎恐懼』の修養が必要だということになるのでしょうか。これではかえって聖人の道としては空々しいものになります」と答えます。

子莘はさらに質問します。「子思は性・道・教を原理から説いています。天が人に人として生きるべき根本のものを命じ与えたもの、これを性と呼んでいます。人が性に従って行なうとき、これを道と言います。道を修めて学ぶとき、道を教えと言います。本性のままに行なうのは誠であり、誠であることによって道理が明らかになります（『中庸』に『誠なるは、天の道なり、これを誠にするは人の道なり』という言葉があります)。これは天が人間に与え命じているもので、これを性と言います(同じく『中庸』の『誠よりして明らかなる、これを性といい、明らかなるよりして誠なる、これを教という』との言葉です)。道を修めるとは誠になることであって、ものごとの道理に明るくなることによって誠を充実させること、これを教と言います。聖人は性に従って行ないます。すなわち、これが完全な道なのです。聖人に至らない者は性に従っていないので、道においては過不足は免れないのです。故に道を修めなければなりません。道を修めれば、賢知の人は過ぎることもなく、愚不肖の者でも及ばないことにはなりません(『中庸』に『子曰く、道の行なわれざる、我之を知る。知者は之に過ぎ、愚者は及ばず。道の明らかならざる、我之を知る。賢者は之に過ぎ、不肖者は及ばず』という言葉があります)。すべてこの道に従おうとすれば、道はすなわち教えになります。この『教』の字は、『天道至教、風雨霜露、教えとならないものはない』といわれる教えと同じ意味です(『礼記』に『天に四時有り、春夏秋冬、風雨霜露、教に非ざる無し』というのがあり、自然のすべては最高の教えであると言っています)。また『道を修める』の語は、『道を修めるには仁を以てする』と同じです(『中庸』の『性を為すは人に在り、人を取るには身を以てし、道を修むるには仁を以てす』から引いてきて、道を修めることは品節ではなく、修養することだと言います)。人はよく道を修めて、はじめて道に外れないようになるのです。したがって、人がその性の本体に戻れば、これは聖人が性にしたがって行動してそれが道であるのと同じです。下段の『戒慎恐懼』は道を修めるための修養であり、中和はその性の本体に復帰した状態を表したものであって、『易経』で言うように、『理を窮めて性を尽くし、以て天命に至る』というのと同じ意味です。『中庸』に『中和を致して、天地位し、万物育す』とあるのは、この『性を尽くして天命に至る』ことにほかなりません」と答えます（巻上　128）。

他の所では「心」が出てくるのですが、ここでは『中庸』の「性」を軸に性・道・教の三つの関係を説明しているのですが、分かりにくい記述となっています。教えとは単に聖人の真似をすることではなく、自らにある性を尽くすことであり、道に外れないように教えがあるというのは重要なことです。そして、すべてに「教え」があるというのも重要で、何でも自らが道に外れていないかをチェックし、道に戻るようにすることも教えなのでしょう。

朱子は「性即理」、王陽明は「心即理」とステレオタイプに考えることは避けた方がよいのでしょう。王陽明は「至善」とは人間の本性であると言います。人間の本性には一つの悪も存在しないので、これを至善だというのです。「至善に止まる」とは本来の姿に返ることを意味しています。性即理と心即理は性を通じて同じとします（巻上　92）。ところが次のような議論で両者の相違を説明します。

ある人が「晦庵先生（朱子のこと）は『人が学問することができるのは、人間に心と理とがあるためだ』と述べておられますが、これについてはどうお考えでしょうか」と質問しました。朱子も王陽明と同じように「心と理は同じものだ」と言っているのではないかという質問でした。これに答えて、「心は即ち性、性は即ち理なり。『心と理』とし『と』の字を入れると、心と理の二つがあると考えていることになります。学問をしようとする人はその点に注意すべきです」と、朱子の「性即理」と王陽明の「心即理」の違いを指摘しています（巻上 34）。

王陽明は、多くの面で朱子を批判すると同時に、朱子を安易に批判してはいけないと言っていますが、逆に言えば、ここに朱子批判の真髄があるように思います。問題は「と」にあり、「性即理」を否定しているわけではないのです。王陽明は性＝理を認めつつ、性＝心を主張します。「性を尽くすこと」は「心を尽くすこと」であるとします。陽明学の理解のためには、陽明学が基本的には儒学の枠の中にあることを十分認識していなければなりません。日本人は、もともと「心」を大事にしてきましたが、「性」や「理」を重要視してこなかったように思います。朱子学において、「心」が「行動」と実践に直結しないのは、「心」と「理」の間に「と」が入っていることであるとの批判に留意する必要があります。

また、澄が「至善は私の本性であり、性には心が備わっているので、わが心は至善の留まるところであると分かれば、あれこれ「外」に向かって至善を求めることもなくなり、心が定まります。心が定まれば、妄動しなくなって、『一心一意』となって動きません。そこで、いろいろ考えて至善を求めます。これが思考の末に至善を求めることなのでしょうか」と質問したのに対して、王陽明は「大まかには、それでよいのではないか」と全面的には賛成していない様子で答えています。いろいろ考えて至善を求めるものではないようです。このように「意」

を用いないのが陽明学なのです（巻上　93）。

3　誠意は正心を導く

『大学』では、「格物致知」の次に出てくるのが「誠意」ですが、この「誠」はまさに「言葉を成す」というのがその意味ですので、まさに「言行一致」が「誠」なのです。「誠」という字はその意味で実践を含んでいます。また、「意」は音を表す「音」と意味を表す「心」からできていて、「抑えられていて充満している心」を示しています。心で強く思い、言ったことを実行しようと決意する状態を言っています。「誠」は日本人が好きな言葉です。今日でも人気のある新撰組も「誠」を染め抜いた上着を着ていました。問題は、どのような修養をすれば「誠」となり得るか、ということです。

弟子の守衡が「『大学』で求めている修養の中心は、意を誠にすることです。意を誠にする修養は、格物を行なうことです。『修身・斉家・治国・平天下』の項目もみな誠意で尽くされています。しかるに、先生は正心（心を正す）の修養を説かれ、怒ったり楽しんだりしていると正を得られないとはどういうことですか」と質問しました。これに対して王陽明は「これは自分で考え会得するものです。このことがわかれば『未発の中』も理解できます」と素っ気なく言います。偉そうなことを言うわりには、まだわからないのかと思ったのでしょう。

ここで、守衡が不明を恥じて再三、教えを願うと、王陽明は次のように述べます。「学問の修養は人によって浅い深いがあります。初学の時から着実に意を用いて善を好み、悪を悪《にく》まなければ、どうして善をなし悪を排除できるでしょうか。この点、着実に意を使うことが「誠意」です。しかしながら、心の本体には、何ものもないことを知らなければ、ひたすら意を用いて善を好み、悪を憎もうとすると、その分だけ余分な意思を使うことになります。これでは『廓然大公《かくぜんたいこう》（大きな心でもって堂々としている）』にはなりません。それ故に、怒ったり楽しんだりすれば心の平静が得られないのです。正心は誠意の裏面にすぎません。自分の心の本体に体ごと当たり、鏡が何も写っていないように、秤が水平になっておれば、これが『未発の中』なのです」（巻上 120）。

王陽明は「人欲を排し天理に従う」を強調し、具体的にどのようにすべきかはそれほど丁寧に説明しませんが、ここでは初学者の心構えとして、「誠意」のあり方を説明しています。最初は、生意気に誠意を使う弟子にうんざりしていたのでしょう、この弟子の質問に素っ気なく答えています。王陽明は、「意」を排除すべきとすることが多いのですが、ここでは「意」の使い方を示しています。すなわち、「意」を着実に使うことは重要としても、問題はその根源を理解しておかなければならないと指摘していることです。「巻の下」に出てくる四句教で、王陽明は「善なく悪なきはこれ心の本体」と言っています。それ故、善も悪も心の本体にはないことを前提に「意」を使わなければならないことを強調します。このように考えなければ、いくら「意」を使っても大きな心にはなり得ず、心の広さ、安定がなければ「正心」にはならないとします。「私意」を排して、始めて「意」が「誠」になるのです。ここで、朱子の言う「鑑空衡平」を使ってそれを表現しています。そして、儒学の重要な境地である「未発の中」に導く方向を示しています。

誠意を中心とすべきという議論は他にもあります。弟子の蔡希淵《さいきえん》が「朱子が補注した『大学』（新本）では、格物致知の項を先にして誠意の項を後にしています。修養としては首章の順序にあっているようですが、先生のお説のように旧本によれば、誠意の項は格物致知の項の前にあるように思えますが、ここがまだ分からないところです」と質問します。これに対する王陽明の答えは次のようなものです。「『大学』でいう修養の根本は明徳を明らかにすることです。明徳を明らかにするにはただ誠意あるのみなのです。誠意の修養は格物致知にあります。誠意を主として格物致知の修養を行なって初めて修養は完成するのです。善を為して悪を去るのは、誠意で無いはずはない。新本のように事物の理をまず追及するのであれば、茫茫蕩蕩《ぼうぼうとうとう》（漠然として）として落ち着き先が分からないままになります。そこで、この『敬』の字を補注することでわずかに引き留めて心身の上に持ってくるのです。しかしながら、それでも『敬』の字の出てくる根源は分からないままです。では、どうしても『敬』の字を添えなければならないのなら、なぜ孔子の門人の先輩たちがそのような最も重要な字を落としたのでしょうか。孔子は、千余年後にこれを補注する人が出てくることを期待していたのでしょうか。ここでは、まさに誠意を主とすれば、この『敬』の字を添える必要はなくなります。したがって、誠意をまず取り出して言っているのです。ここが学問の最も重要なところです。この点をはっきりさせないと、わずかな差が千里の差となって誤りを生むことになります。『中庸』で説く修養も身を誠にすることが根本で、身を誠にすることの窮極は至誠なのです。『大学』で説く修養も意を誠にすることが根本で、身を誠にすることの窮極は至善なのです。修養はすべて同じです。しかるに、ここに『敬』の字を補うとか、かしこに『誠』の字を補うとかを説くのは、蛇を書いて足を添えるのと同じように無駄なことです」（巻上　130）。

朱子は『大学或問』の中で、「敬の一字は聖学の始を成し終わりを成すところなり」とし、これがなければ「大学を為むる者は、此に由らざれば、亦聡明を開発し、徳を進めて業を修めて、夫の明徳新民の功を致す無きなり」としています。すなわち、『大学』を読むに当たっては「敬」を中心に解釈すべきことを主張します。これに対し、王陽明は誠意を中心に持ってこなければ、何のために勉強をしているのか分からなくなると批判します。勉強して知に至って誠意になるというのが朱子の議論ですが、王陽明が「主」とするのは誠意であり、誠意を忘れてはあらゆる修養は無意味だと言うのです。しかも、陽明学にあっては、そのような修養は「易《い》にして簡なるもの」としているので、問題は心です。すなわち、心で誠意を求めれば致知は自ずから達成されることになります。

弟子の志道が「荀子が、心を養うのに誠よりよいものはないと言っています。しかし、朱子がそれを批判しているのはなぜでしょうか」と質問したのに対し、王陽明は「これは非とすべきではありません。誠を修養の意味で説くものがいます。しかし、誠は心の本体です。本体に復るのは孟子の言うような『誠を思う修養』なのです。程明道が『誠敬を以て仁の理を存すべきだ』と説くのも、この意味にほかなりません。『大学』でも『其の心を正しくせんと欲せば、まず其の意を誠にする』とあります。荀子の議論は問題も多いが、一つの例で全体について毛を吹いて疵を求めるようなことをしてはいけません。およそ人の発言を見るに、言い過ぎの所があるものです。例えば、孟子も『富を為せば仁ならず。仁を為せば富ならず』という陽虎（魯の季氏の家臣で、論語では評判がよくない人のようです）の議論を採用するわけであり、聖賢の言葉を聞くときにはその心を見なければなりません」と話されました（巻上　122）。

荀子はいわゆる性悪説を主張し、日本でもあまり人気がないようです。また儒学の正統派からもあまり評価されていないようです。しかしながら、極めて優れた社会科学者です。すなわち、人間の本性は「欲」であるとする性悪説です。そこで人の欲を前提に議論を構築せよというのが荀子の議論です。経済学が利潤の最大化や効用最大化の原理から人々の経済行動を導こうとするのと同じ原理です。このため、いわゆる供給側経済学（supply-side economics）の議論をしているのです。例えば、「上は好取・侵奪すといえども、なほまた獲ること寡し」と言って、課税すると税収が減るというラッファー効果を既に指摘しています。そして、国を富ます方法としては、「用を節し、民を裕にして、善く其の余りを蔵す」と政府の支出を減らして民間での蓄積を大きくすることだと言います。これらは、経済学から見て、ごくまともなことを言っているのですが、荀子には性悪説というレッテルが張られているためか、一般には誤解が大きいように思います。ここでは、王陽明は荀子の性悪説とは反対の性善説的な立場ですから、荀子に賛成しかねることも多いのでしょうが、「誠」を軸にした『大学』解釈に賛成しており、荀子の言葉全部を否定するのは過ちだと柔軟な姿勢を見せています。いずれにしろ、王陽明は荀子も言っている「誠」を軸に解釈することを強調することになります。

4　心は道なり天なり

弟子の澄との問答に、孟子の言っている「道は一のみ」という言葉に関しての議論があります。「『道は一つのみだ』と孟子は言っていますが、古人の残した言葉はたくさんあり、そのいずれを採るべきか」と王陽明に聞きます。王陽明は「道は方体なし。執すべからず」といいます。すなわち、道というのは一定の方向や形がないものなので、一つの考えにとらわれてはいけない、言葉の意味にとらわれるとかえって道を知ることができなくなる、と学問の姿勢を注意します。

この問題の例として次の話をします。「天」を説明するときは「天そのもの」を説明しているのではありません。太陽や月、風や雷を「天」というべきではないし、人や物あるいは草木を「天」ではない、とも言えません。しかし、「道」は「天」に他ならないので、道が分かればに天についてすべてのことが分かるようになります。ところが、多くの人は「一隅」の見識を以て、これを「道」だと言うために、道は「一」でなくさまざまな形態になります。

そこで、「内に向かって尋求し、自己の心の体を見ることと解すれば、時として所としてこれは道にあらざるはなし」と道を自分の外に求めるのではなく「心の本体」を見極めることができたなら、あらゆる時、あらゆる場合において「道」にいることになると説きます。「古にわたり今にわたり、終わりなく始めなし」といって、「心の本体」は普遍的で無限の広がりを持つことを示します。となれば「道は一なり」であり、心を中心とすれば全ては同じとなり、こうなれば何も同異を考える必要がないと言います。

このように、「心はすなわち道なり、道はすなわち天なり。心を知ればすなわち道を知り天を知る」と、天理は心にあることを強調するのが陽明学となります。そして、もし道を究めようとするのであれば、自分の心を体認しなければならず、外に向かって求めるべきでないと主張します。ここで、知行合一として実践を行ない、心を尽くすことが道にかなうことになります。

多くのものを考えるときに、見当違いのことを議論していることが多いことに気付かねばなりません。王陽明の指摘は、道は「外」にあるのではないのに、心に求めないでわけも分からずうろうろしているのを戒めています（巻上　67）。どのような議論でも数多くの解釈があり、多くの場合は勝手な解釈になっています。それに惑わされるのではなく、自分の「心」にもう一度戻れというのが王陽明の忠告なのです。「心」に聞けば基本的に分からないものはありません。また、間違うこともないと言うのです。心即理という基本的関係は王陽明にとって強い信念であると共に、実践的な意味を持っているように思います。

5 正　名――人情論

王陽明は陸澄という弟子と孔子の「正名」について議論しています。「正名（名を正す）」とは『論語』子路篇における孔子と子路との論争から生まれた有名な儒教的政治論です。

子路篇の一章で子路が孔子に質問します。「衛の国の君主（輒《ちょう》）が先生（孔子）に国政を任せると言ってきたら、先生はまず最初に何をなさいますか」と質問したのに対し、孔子は「必ずや名を正そう」と答えました。これは「名分を正しくする」という意味です。というのは、衛の国ではお家騒動により、輒の父・蒯聵《かいがい》が先代の君主・霊公によって追放され、霊公が亡きあと、その子の輒が君主となっていました。いまここで名分を正そうとすれば、輒は退位し、父の聵を王に迎えるべきだ、ということになります。

この「正名」についての朱子の意見は「天子に言い、諸侯に告げて輒を廃位し、弟の郢《えい》を君子にたてるべきだ」というものでした。陸澄が「この朱子の意見をどう思いますか」と質問したのに対し、王陽明は「おそらく、そうはできないであろう」と答え、以下のように説明します。「それは人情にも天理にも反します。君主（輒）が敬意を示し、礼を尽くして政治の助言を求めてきたのに、その本人に退位しろと言うことはないでしょう。孔子も既に政治顧問の役を引き受けようとしているのであるから、その君主も孔子の話に心を傾けて国を委ねようとしているはずです。となれば、聖人である孔子の人格に感化を受けて、父親を追放するようなことは人間のすることではないということは分かるはずです。そうなれば、急いで父を迎えに行くことになるでしょう。本来、父子の愛は『天性』に基づいています。輒が悔恨の情を示せば、聵も感動して喜ぶことになり、聵が国に帰れば、輒は国を聵に委ねて自らの処罰を申し出ることになるでしょう。となれば、聵も輒の申し出を受けることはなく、輒に君主を続けることを命じることになるでしょう。輒が自分の罪を明らかにして、天子に頼み、諸侯に告げて国を父に差し上げようとするが、聵は家臣や人民と共に輒の改悛と孝行を評価して、天子に頼み、諸侯に告げて輒を君主にしようとするでしょう。となれば、漢の高祖がやむを得ずその父を上皇にしたように、父を太公にして孝養に励んで自分は君主の位にとどまることになるでしょう。こうなれば、君は君らしく、臣は臣らしく、父は父らしく、子は子らしくなって、名分は正され、言うことには筋がとおり、政治が正しくなるのです。孔子のいう『正名』とは多分このようなものだったのでしょう」（巻上　44）。

ここで王陽明は「人情」という表現を用いるなど、通常の王陽明の議論とはちょっと違った印象を受けます。また、非常に楽観的で、どうも非現実的な解釈のようにも感じられますが、これは王陽明のもう一つの側面を見るような気がします。王陽明は非常に優しい人でもあったという側面です。あるいは楽観的な理想主義といってよいかもしれません。すなわち、心の本体＝天理という「心即理」を理解するときに、このように心の優しさや人間の本性に対する楽観論を軸に考えることも必要でしょう。人々は天理に従おうとしており、それをそのまま生かせれば理想を実現できるのだという楽観論が王陽明の信条のように思います。実際に実現可能かどうかという視点ではなく、天理に従えば何でも実現できるのだという楽観主義は現代を生きて行くのにも必要なことだと思います。「正名」に示されるような秩序意識は現代に不適当であると考える人が少なくないと思います。しかし、政治家、官僚、実業家、教育者など、社会から期待されて「名」の付いている立場の人々には「その名に恥じない」という以上に、「名を正す」ことは今日の社会でも必要なことと思います。特に権力の運営に当たる人はその名を正しくする者でなければならないのはごく自然なことです。今日の社会では、まさに王陽明の言う「君は君たり、臣は臣たり、父は父たり、子は子たり」が実行されていないのです。

また、ある人が「人には皆この心がある。その心がそのまま理であるなら、なぜ『善』をなす人と、『不善』をなす人があるのか」と問います。これに対して、王陽明は「悪人の心はその本体を失っているのだ」と答えます（巻上　35）。心即理であるなら「不善」は起こらないはずではないかという鋭い質問に対し、王陽明は「良知をどっかに忘れてきているのだろう」

と素っ気ない反論をしています。

良知がすべての人に備わっているというのが王陽明の議論の大前提になっています。これに心の本体＝性（天の与えたもの）、性＝天理、したがって心＝天理、すなわち「心即理」が王陽明のすべての論の前提となっていきます。そして、この良知が発揮されることで、すべては天理に従ってゆくという楽観論になります。この良知を塞いでいるのが「人欲」なのです。これについては次の章で論じます。

第5章　天理人欲

1　人欲と天理

王陽明の修養のポイントは「人欲を排して天理に従う」ことです。儒学ではもともとこの「人欲を排せよ」という考えが基調になっていますが、王陽明はこの点を特に強く主張します。人欲を排せば「良知」が発揮されて自ずから天理に従うことになるというのです。それ故、これが出来れば、『大学』で求められている「修身」に至る道が可能になるわけです。逆に言えば、これができる人はおそらく世に怖いものはなくなるでしょう。世の中でもっとも怖いものは自分の欲望です。「意欲を出せ！」とよく言いますが、王陽明は全く逆に「人欲を排除せよ」というのです。その説によると、人々は己の欲望ゆえに己の目的を達成できないという矛盾の中にうろつくことになるのです。「勝つと思うな、思えば負けよ」という話はよくわかることです。

王陽明は世間的な名声や金銭、権力を求めることを常に戒めていますが、名声や金銭、権力を持っていない人は果たして良知に従っていると言えるのか、人間に欲がなくなって初めて良知が出てくるというのであれば、最初から欲がない人は良知に従っていると言えるのか、それとも、人間には欲があるから葛藤し、その結果、欲が排除されなければならないと考えることになるのではないかといったことが議論となるところです。しかし、いずれにせよ、人欲を排除するのは難しいことです。

ただ、ここで王陽明は人間が持っている欲望をなくしてしまえと言っているようには思えません。王陽明は、「槁木死灰（枯れ木になり死んだ灰になる）」になることは意味のないことであるとして、仏教でいう「無」の世界になることを批判しています。問題は人欲が心に出てくることを排除することであると思います。「明徳を明らかにする」のが学問の目的であり、人生の目的でもありますから、この目的のために行動するべきであり、そこで、「天理に従う」ことになるわけです。したがって抑えても出てこようとする人欲を排除して、真に正しいことに従うように指示しているのです。「欲」に従って行動するのではなく、「天理」に従って行動せよと言っているのだと思います。

王陽明が「人欲を排せ」と強調するのは「天理に従う」ためです。しかしながら、王陽明をいくら読んでもよく分からないのが「天理人欲」です。結局、王陽明のいう天理は、「心即理」というキーワードに示されるように、「心」にあって「義外（義は外にある）」ではないということで、ここが重要なポイントです。ただ、現代の日本人には「天に恥じず」とか「人事を尽くして天命を待つ」といった考えが薄れてきており、これらが行動の原理となり得ないのが現実です。それに代わって、他人、特に仲間の評判に依存するということになりがちです。「仲間に恥じない」というのが現代日本人の最も重要な倫理則となっています。しかし、これからは、これを「天に恥じない」という行動原理に転換してゆかなければなりません。

しかも、王陽明の天理は『易経』における天であり、日本人にはなかなか理解の難しいところです。陰陽道はまさに「宇宙」を支配する基本論理です。ただ、王陽明はこの深遠なる「宇宙の真理」を人間なら誰でも持っている「良知」に求めたところが実践の学問として素晴らしいところです。

「天」という字は広い丘がゆったり広がっている状況を示しています。そういう意味からして、天とはいかにも広大で、あらゆる精気を与えてくれるもの、と理解しておけばよいでしょう。「理」は意味を示す「玉」と音を示す「里」からできており、玉の裂け目、筋目を意味しています。筋の正しいところがその理に当たり、この理は儒学において重要な役割を果たします。理はギリシア哲学で言えば「イデア」であり、宇宙を形成する原理とされています。ところが朱子は宇宙万物生成は理と気から成り立つとする理気二元論を唱えました。これに対して、王陽明では理が心に発することを主張する一元論になります。

そして、王陽明は人欲を排すには日々の修養が必要であることを強調します。なにしろ人間は貨（財産）、色（性欲）、利（利益）、名（名声）に動かされやすい動物であることは間違いありません。修養とは学問を修め、これらの人欲の排除に努めることに他なりません。では、いかにすれば人欲を排除することができるのか、その方法を具体的に説いた王陽明の天理人欲論を次に紹介したいと思います。

王陽明は「名」を求めることを特に厳しく批判します。「学問をする上に大害となる病は『名を好む』（有名になろうとする）心である」と話します。弟子の侃《かん》は「以前から見て私はこの病が軽くなったと思っていましたが、このごろよく考えてみると、まだ全快していないことに気付きました。名を好む病気は、必ずしも人からほめられようと外向きに努力することだけではありません。ほめられて喜び、批判されて苦悩することも、この病から起こるようです」と反省しながら言いますと、王陽明は答えます。「全くそのとおりだ。名声と実質とは対立するものです。実の修養に努力する心が一分だけ重ければ、名声を得ようと努力する心が一分だけ軽くなります。全身全霊をささげて実のために努力すれば、名声を得ようとする心はなくなります。餓えた者が食を求め、喉の渇いた者が飲み物を求めるような心で実を求めれば、どうして名声を好み求めるような余裕があろう。

また、論語で言っている『世に没して（死後）名の称《しょう》せざるをにくむ』の「称」の字は一般に言われるほめることではなく、去声《きょしょう》に読んで、『名のかなわないのをにくむ』（本人の実質と名声とが一致しないことを恐れ嫌う）と読むべきです。孟子が言っている『名声が実力以上であることを君子は恥じる』と同じ意味です。実質が世間の評判より劣る場合、それを改めることができるのは生きている間だけであって、死んでからは間に合わないからです。また『論語』の『四十五十にして聞こゆる無くんば』の『無レ聞』は『道を聞くことがない』の意味であって、『名声がない』（有名になっていない）の意味ではありません。孔子は『これ聞なり、達にあらざるなり』（そういうのは有名人ということであって、達人ではない）（『論語』顔淵篇）と言っています。（このように実のない名聞は求むべきではないとする）孔子が人に名声を求めることを望むはずがありません」（巻上　106）。

王陽明は「人欲」を排すことを主張しますが、中でも名誉欲を批判します。通常、私たちが理解している『論語』衛霊公篇の「疾没世而名不称焉」の読み方では「死後、名前が出てこないのを憎む（嫌う）」となりますが、王陽明は「死後、実質と名声とが一致しないことを恐れ嫌い名前が残るのを憎む」と読むべきだとほとんど反対の意味に読みます。その理由はまさに死んでしまえば過大な名声を修正する方法がないからです。また、『論語』子罕篇の「四十五十而無聞焉」を、通常は「四十五十にもなって何の名声もない人間は」と解釈するのに対し、王陽明は「中年（当時はもう老年でしょうが）にもなって道を修得していない者は」というだけでなく、「名声と道を究めることは無関係だ」というように読むべきだと言います。我々は前者の読み方になれていますので、奇妙に思うのですが、王陽明の読み方もなるほどと思います。

日本には「名を惜しむ」と言う言葉があります。武士は名を尊ぶのが基本です。この点について、佐藤一斎は「名を求むるに心あるは、固より非なり。名を避くるに心あるも、また非なり」と王陽明と同様に、名を求めることを厳しく諌めますが、同時に武士の名を汚さぬようにという注意もします。ここでは、名声のためや人から褒められるために学問することの無意味さを言っているのです。

王陽明は財産や名声は当然のこととして批判するばかりか、迷いそのものも批判します。弟子の澄が「色を好み、利を好み、名を好むのが人欲であるというのは分かりますが、妄想して雑念を持つことも人欲であるというのはどういうことですか」と質問したのに対し、王陽明は「要するに迷うことも人欲だ」と言います。自然を感じてこれに通じれば、自然に発して調和がとれており、何が来ても従順に対応することになります。このポイントは王陽明の「人欲」を考える時に重要な示唆を与えます。すなわち、陽明学は「欲」を排除しようとするのであり、「欲」を持つことが問題であるというようには考えない方がよいと思います。本質は自然にしたがって生きることなのです。我々はどうしても貨・色・利・名によって動かされます。しかしながら、我々は常に多くの「迷い」によって動かされています。貨・色・利・名に対する欲から解放されることは難しいことですが、迷いから解放されることも難しいことです（巻上73）。

考えれば迷うものですが、考えるなということではなく、もっと勉強すれば自ずから調和のとれた行動ができることになります。まさに孔子のいう「七十にして心の欲するところにしたがいて矩《のり》を超えず」の境地でしょう。孔子にして七十歳で実現できたことを凡人の我々が実現できるのかという問題になりますが、これもできる所からやっていくしかありません。また、そのような視点を持つことが重要でしょう。

「迷い」に関して面白い議論があります。弟子の澄が「夜中に鬼の出るのを怖がる人がありますが、これはどうしてですか」と問いました。これに対して王陽明は、「これは平時に『義』に従った行動をしないで、心にやましいことがあるために畏れるのです」と答えました。もし、普段から神明に従った生活をしておれば畏れることはないとの考えです。弟子の子莘が「『正直の鬼』は畏れる必要はないが、邪鬼は人の善悪の行動にもかかわらず害悪を為します。畏れないわけにゆかないでしょう」と言うと、王陽明は「邪鬼は正しい心の人を迷わせません。畏れるのは、心に邪心があるからなのです。鬼自身が人を迷わせているのではありません。要するに、各人の心が自ら『迷っている』のです。人が色を好むのも『色鬼』による迷いです。財貨を好むのも『貨鬼』による迷いです。怒るのは『怒鬼』が迷わせているのです。畏れる必要のないところを畏れるのは『懼鬼』が迷わせているのです」（巻上　41）と言って、すべて「鬼」のせいであり、これを根絶することが修養の目的になるというのです。

王陽明にとって、迷いと同様に「悔い」も批判の対象になります。侃が「後悔することが多い」とこぼしますと、王陽明は「悔悟は病を去る薬かもしれないが、大切なのは、それによって悪いところを改めることです。もし、後悔の念だけがいつまでも残るだけなら、この薬も病を引き起こすことになります」と言います（巻上 107）。くよくよするだけではかえってよくないと言います。くよくよすることも人欲の現れなのです。いつまでもくよくよするのは生産的でないとは思っても、なかなか解消できないものです。これも人欲の反映と反省すべきことでしょう。

弟子の徐愛が、論語に出てくる博文と約礼が同じ意味だとする王陽明の説について質問しました。論語には

「君子は博く文を学び、これを約するに礼を以てす」

という言葉があります。これについて朱子は、「博約」というのは「格物致知」であると見ています。すなわち、「博文」が「格物」で、「約礼」が「致知」というわけです。これに対して、王陽明は「礼の字は理の字と同義である。理の中が分かって目に見えてきたとき、これを文と言う。逆に文の中で見えないものを理と言う。文と理とは一つのものである」と言います。また「礼」というのは日本人にはよくわからない概念なのですが、神にお酒を捧げて、拝礼することを意味しています。そこで、王陽明は「約礼とは、心が純粋に一つの天理となるようにすること」として、そのために修養すべきとなります。親に仕えるには親にある天理を学び、君に仕えるには君にある天理を学べばよく、富貴・貧賤・夷狄・患難に処する際、それぞれの天理が存することを学ぶべきであるとします。

「富貴・貧賤・夷狄・患難」とは『中庸』にある

君子素其位行、不願乎其外　君子は其の位に素して行ない其の外を願わず
素富貴行乎富貴　富貴に素しては富貴に行ない
素貧賤行乎貧賤　貧賤に素しては貧賤に行ない
素夷狄行乎夷狄　夷狄に素しては夷狄に行ない
素患難行乎患難　患難に素しては患難に行ない
君子無入而不自得焉　君子は入るとして自得せざるなし

という一文によっています。「これは君子は自分の境遇に応じて最善を尽くし、他人の境遇を羨んではいけない。富貴はあっても驕らず、貧賤でも阿《おもね》ることなく、野蛮人の中にいても彼らを感化するようにし、困難の中にあっても耐えて取り乱さない。そうすれば君子はどのような境遇に入ろうともいつも自由自在である」という意味です。要するに、その場その場で自然な役割に従うことが「天理に従う」ことなのです。天理に従っておれば精神は自由に振る舞うことができるのです。それでこそ「精神の独立」であり、人間の人間らしい生き方なのです。

こういったことが隅々までなれば天理の発見するところに従ってそれぞれの上に天理が存在することを学ぶでしょう。これが博文を学ぶの意味であって、それは同時に約礼の修養です。「博文」は「惟れ精」であり、「約礼」は「惟れ一」であり、同じものですと説明します（巻上9）。

2 仏教や道教との違い

「人欲を排せよ」ということを仏教でも道教でも言っています。しかし、王陽明の排人欲論とは違っており、これに関する記述は少なくありません。陸原静からの手紙には天理人欲に関連した仏教に関する議論があります。この手紙では、仏教では「善を思わず悪を思わざる時において、本来の面目を認む」、すなわち善悪を超越した時が人間本来の姿であるとします。したがって、儒学の「物にしたがって格《ただ》す」の修養とは異なります。もし善を思わず悪を思わざる時に「致知」の修養を行なうならば、既に善を思っていることになります。善悪を思わずして心の良知を得、清らかで落ち着いた心境に達し、しかも心を自在に発揮できるようになるのは、孟子の言う「夜気の説」のように、夜寝ることで心が澄んでくる心境のことなのでしょう。しかしながら、これはいつまでも続くものではありません。修養をした人とは、夜気からさめたばかりの状態がいつまでも続いている者なのでしょうか。自分は「寧静（心の安らぎ）を求めんと欲すれば、いよいよ寧静ならず、雑念の生ずることがないようにと欲すれば雑念がますます生じてしまいます」と、修養の難しさを訴えています。「これまでの雑念から逃れ、これから雑念が生まれないようにするにはどうしたらよいでしょうか。良知が顕れて宇宙と自在に合一したいものです」と、仏教の見方、夜気説、修養の難しさに関連して質問しています。

これに対して、王陽明は次のように返答します。「善を思わず悪を思わざる時において、本来の面目を認む」というのは、仏教での「本来の面目」を知らない人のための方便としての教えにすぎません。儒学での「本来の面目」は「良知」に当たります。したがって、良知が明らかであれば、このような説明はいらないのです。「物にしたがって格す」は致知の修養ですので、仏教においても常に心を明らかにして「本来の面目」を求めることになるので、おおむね両者の修養に違いはないでしょう。

しかしながら、仏教は自分だけの救いを求めているので、それは自私自利であって良知と同じではありません。善悪を超越し、心の良知を求めようとしても、結局は自私自利、意必（自分の考えに固執すること）になります。そこで、善悪を調節しようとして善を考えてしまうという弊害に陥ってしまいます。孟子の夜気説は良心を失った者に良心が生み出されるところを示してそれを育てようとすることであり、もともと良知が明らかで致知の修養を行なうのであれば夜気説を言う必要もありません。これは兎を捕らえて兎を守っておらず、株の方を守っているようなものです。このようにして、安寧静寂を求めようとし、雑念が生じないように願うのは自私自利ではないでしょうか。こんなことをしておればますます安寧静寂は求められず、雑念は強くなるばかりです。

良知はもともと一つですので、良知が明らかになれば善悪は自然に区別されます。これ以上に善悪について考えることはないでしょう。良知の本体はもともと安寧静寂ですので、その上に何かを乗せようとするのは儒学でも仏教ですら適当な修養ではありません。一念の良知を徹底して、最初から最後までこれを貫けば、前念も後念も生じることはありません。このような前念、後念を除こうとすれば、仏教のように本来の良知の性質を捨てて「槁木死灰（枯れ木に灰）」になってしまいます（巻中　又8）。

陽明学では「人欲」を排すことが最も重要な修養になりますが、これは形の上では仏教と同じです。しかし、仏教は自分の解脱だけを求めているので、儒教はそれを自私自利だと批判します。これに対し、明明徳（明徳を明らかにする）を目的とする儒学で人欲を排するのは、そうすることによって良知が生まれ、親民（人民を親愛する）を行なって至善に至ることを目的とするからです。陽明学で人欲を排する目的は「民」を救うことにあるのに注目しなければなりません。その点で仏教とは大きな違いがあります。

また、別のところで孟子が説く「夜気」（昼間は雑事のために良心が害われるが、夜間は気が澄むので良心が回復し、朝には再び良心の芽が伸びると説く）に関して議論しています。「夜気は、これは通常の人について言っているのであり、学問を志す者が修養すれば、日中に事のあるなしにかかわらず、純粋な気が集中して発生する場になります。天理に従っている聖人には夜気を言う必要はありません」と話します（巻上　48）。すなわち、学問を志す者にとって夜気による心境は必要なく、学問を行なえば、日中に仕事をしているときでも、していないときでも、純粋で正しい気が満ちてくるものです。すなわち、人欲を排し天理に従うことを常としておれば、人に夜気を求めるまでもないのです。

粛恵《せうけい》が死生について質問します。王陽明は「昼夜の違いを知れば死生は分かる」と答えます。そこで、「昼夜とは何か」と質問します。これに対し「昼を知れば夜は分かる」と答えます。すると、「昼について何か分からないことがあるのでしょうか」といぶかります。「君は昼を分かっていないようですね。朝はぼんやりと起き、ごそごそと食事をして、何のために行動しているのかが明確でなく、勉強しても何も分かっていない。一日中、ぼんやりしているのは、昼間に夢を見ているようなものです。一つの呼吸でも心を養うことになるものです。一瞬の間も心が惺惺明明《せいせいめいめい》（はっきりさせている状態）であり、天理と途切れのない関係にあれば、やっと昼を知ったといえるのです。こうなれば、昼夜の道を知ることになります。そうなれば死生を知るのもたいしたことではありません」と答えます（巻上　127）。

そもそも、儒学はあまり死生観に関して真剣に議論しているように思えません。「死生命あり」と人の命は天の示すものであると、さっぱりした話です。生死を昼夜に喩えるのは儒学では一般のことであるようですが、死んでいるのは要するに眠っているようなものだというのです。ここでも毎日ボーと過ごしていたのであれば、死んでいるのと変わらないと言います。私たちはいつも心しなければなりません。

別のところでも、仏教との違いについて論争しています。弟子の澄が「李延平が『理にあたれば、私心なし』と言っていますが、理に当たることと私心がないことをどうして区別することができるのでしょうか」と質問します。王陽明は「心即理です。私心がないことは理に合致することであり、理に合致しないのは、私心があるからです。心と理を分けるのはよくありません」と言います。そして、澄はさらに「仏教徒は世間の一切の情欲に染まることがなく私心がないように見えます。しかし、人倫関係（君臣・父子・夫婦など、人と人との間の倫理関係）を放棄することは理に当たっているものとも思えません」と質問します。王陽明は「これはこれで一つの筋が通っています。彼らは自分が救われるという一つの私心を求めようとしているのです」と言います（巻上 95）。

仏教に対する王陽明の批判は、仏教は個人の救済を求めているのであり、民を救うことを目的とする儒学の「明明徳」とは異なるという主張です。とはいうものの、中国に入った仏教は大乗仏教で、自らの解脱と同時に民の救済を求めるものでした。そういう意味では中国仏教は儒教的なのかもしれません。タイやカンボジアのように非儒教国に伝わった仏教は小乗仏教であり、まさに個人の解脱が最も重要なのでしょう。

そして道教や仏教との比較において、儒教の存在論を中心的位置に置き、「良知の虚は、天の太虚と同じであり、良知の無は太虚の無形と同じです。日月風雷、山川民物、この世にあるあらゆる形と色あるものは、みな太虚無形の中にあって発用流行（良知が発揮され広がって行く）し、いまだかつて天の障碍となったことはありません。聖人はただ良知の自由な活動に順応するだけです。そして天地万物も共に自分の良知の活動流動して行く中にあるのであり、一物として、良知を超えて、良知の障碍になるものはないのです」と言います。道家の説く

「虚」、仏教の説く「無」は本来の「虚」また「無」ではなく、聖人の説いている虚無は「良知」であり、良知は「太虚」、「太虚の無」であって、天地にある全ての物は天の実体である太虚無形の中にあり、それ自体が自由に活動し流動して行くことをいっさい妨げないものです。聖人はただ「良知」に返って少しも私的な意念を付けず、天理の自由な動きに順応するだけなのです。良知に従っておれば一つとしてできないことはないと断言します（巻下 69）。

これまでも示してきたように「虚」という考えは中国の思想の中で極めて重要なものです。太虚は万物の創造の基にあるわけであり、この太虚を良知と見るところに陽明学があります。良知に従えば人は何でもできるというのが王陽明の主張です。

一方、王陽明は若いときに道教にも凝っていましたが、この道教に対しても儒学の優位性を説いています。道教の考えである「元気・元神・元精」（道教では、この三つを人間の要素とみる）についての質問に対して「これらは一つのものである。流動している状態を気と呼び、凝集している状態を精と呼び、その霊妙な活動を神というにほかならない」と答えています（巻上 58）。道教の人間の三要素である気・神・精を王陽明は「一」としているのはおもしろい議論です。王陽明は道教に対し、必ずしも批判的ではなく、道教の持つ一種の「生命哲学」を評価しているようにも思われます。

弟子の蕭恵が道教や仏教を好んでいました。そこで、王陽明は「私も若い時から道教と仏教に心を向けていました。これから得るところも大きいものでした。そして、儒学から学ぶものがないとさえ思っていました。その後、左遷された僻地に三年間いる間に、儒学がこのように簡単で、しかも広大であることを経験して、自分が三十年間も誤ったところに気力を使った事に気付いたのです。おおむね、道教も仏教も儒学と同じようにすばらしいものであり、その差はわずかなものです。しかし、いま君の学んでいるものは、その中の滓にすぎない。それを信じるのはフクロウが腐ったネズミを盗むようなものです（役立たないものを大事にしている）」と厳しく戒めています。それだけ、儒学による教育に大きな期待をかけていたのでしょう。

そこで、恵は「道教・仏教の優れている点とは何か」とたずねました。王陽明は「私は君に儒学は簡易広大（簡単でしかも広大）だと話したのに、君は私が悟ったものについて質問しないで、私が後悔しているものについてたずねるとはどういうことだ」といいます。恵は詫びて儒学について質問しました。王陽明は「君は今、やっと世間並みの質問の仕方が分かったようだ。しかし、私は、君が真に聖人になろうとする心構えができるときを待って、お話することにしよう」と相手にしませんでした。そこで、恵が再三、お願いすると、「もうすでに、さっきの一句で説明し尽くしているのだよ。君にはそれがまだ分からないようだが」と話します（巻上　125）。

王陽明はかつて道教・仏教に熱心だったこともあり、それらを高く評価しています。そのせいか、陽明学が主張する「万物一体の仁」といった考えは道教や仏教に近い印象を受けるのです。しかし、儒学と道教・仏教の間には一線を画しています。そして道教・仏教が求める個人の解脱なり超越は「人欲」にほかならないと批判しています。それに対して儒学は『大学』に示されるように、社会の救済という大目的を基盤に置き、しかも、その大目的を「人欲」によってではなく、「天理」に従って達成しようとする点で優れている、と王陽明は言います。しかも、王陽明が評価しているように「簡易広大」であることは儒学の本質であると同時に優れた点でもあります。また、「真に聖人になる」という志が儒学の心なのです。

筆者の見方としても、仏教や道教の方が哲学としては面白いし、深みがあるような気がします。若い頃の王陽明がこの二教に向かったのも、これらの点に魅力を感じたからだろうと思われます。弟子に対して君のやっているのは「カス」で、「フクロウの取った腐ったネズミ」という話し方はなかなか厳しい表現です。それだけ、儒学による教育に期待が大きいのでしょう。

3　人欲と出世

王陽明が最も強く排斥したのが出世や名声を求める「人欲」でした。孔子が漆雕開という弟子に仕官を薦めたとき、「私はまだその仕事を十分にやれる自信がありません」と言って断りました。それを聞いて孔子は喜ばれました。孔子の弟子である子路が子羔を費という町の長にしたときに、孔子は「未熟な者を大役につけるのは、本人のためにならない」と反対された。また、孔子の弟子たちがそれぞれの志を述べたとき、子路と冉有が仕官の抱負を述べたのに対し、曽點だけは「私は静かに俗を離れた生活がしたい」と言い、これに孔子が大いに賛同したという話が論語に伝えられています。これらの言葉から見て孔子がどういうお考えであったかが分かりましょう（巻上 28）。

同じ話が別のところでも引用されています。陸澄が「孔子の四人の弟子が志を述べた際に、子路と冉有は政治を志し、公西華は礼楽を志望しました。これらは具体的で有用な仕事と思います。ところが曽點が『沂水（山東省の川）に浴（水浴）し、舞雩に風し（雨乞いの儀式をする土壇で涼み）、詠じて（うたを詠いながら）帰らん』と冗談めいたことを述べたとき、孔子はそれに賛成しています。これはどういうわけなのでしょう」と質問したのに対して、王陽明は「三人の考えには自己の志望に固執するところがあります。そうなると、とかく人は、一方に偏って、あることができてもほかのことはできないということになりやすい。しかし、曽點は一つのことにとらわれたり偏ったりせず、仕事を行ない、他のことを願いません。夷狄の中にあっては夷狄にふさわしい振る舞いをなし、艱難の中にあっては艱難の中にあるように振る舞います。このように、君子はどんな境遇にいても、窮することなく、行なうべき道を見失うことはありません。子路・冉有・公西華の三人は、孔子のいう『器』（一つのことは役立つが、応用がきかない）ですが、曽點は器ではなく、君子です。しかし、三人とも優秀な人物であり、卓越した言葉を持っています。世上の空虚な言葉だけで実のないものとは異なります。したがって孔子は皆を許しています」と話します（巻上 30）。

論語では「子四つを絶つ。意なく、必なく、固なく、我なし」という有名な言葉があります。孔子は、曽點のあたかも冗談のような話を、人欲から離れ、心の自由を持っていると評価しているのです。そして、そのような心の自由を持つ人間だけが何でもできることになります。もちろん、孔子は優れた人間が政治を志すことを是認していますので、子路や冉有といった優れた弟子が政治を志すのを歓迎しているのです。「器」という言葉は、ここでは否定的な意味でしょう。すなわち、「器」は特定の目的にしか役に立たない道具であり、子路や冉有は政治家になるのは適当ですが、曽點はそれを超えてどんな仕事でもできるということです。

ここで王陽明が言いたいことは、個人の能力ではなく心の自由が重要だ、ということなのでしょう。この「意なく、必なく、固なく、我なし」という姿勢が「人欲を排す」の実体であり、王陽明は、このこだわりのない精神こそが重要なのだ、と言いたいのでしょう。心が自由であれば、どのような仕事もできることになります。逆に言えば、多くの人々は「人欲」によって、せっかくの能力を生かせないでいる、というわけです。

また、形式的なこだわりも王陽明は排除します。例えば、「筮竹も亀卜（亀の甲羅を灼き、その割れ目で吉凶を占う方法）も易であることには変わりがない」と言います（巻上 51）。方法は違っても占いであることには変わりがないということでしょう。現代でも、科学的方法であると言いながら、「志」のない議論は所詮、占いの類いと大差がないのです。

4　現代社会と人欲

近代の経済社会システムは人々の欲望を利用して社会を制御しようとするものです。たとえば、勤勉を引き出すものとして賃金があります。より高い所得を得たい者はよく働けばよいことになります。資本主義経済の基本的倫理体系として勤勉が社会に組み込まれている必要がありますが、これを現実に引き出すのは賃金です。もっとも、日本の伝統では勤勉と賃金とは必ずしも直結していません。また、現実の企業でも高い賃金と勤勉を直結させてはいません。日本の企業では企業内での情報共有によって労働者間、労使間での協調を生み出すための工夫が各所で行なわれています。これを見ると、勤勉を引き出すのは賃金ではなく企業忠誠心なのかもしれません。とはいうものの、人々を労働に導いているのが、より多くの賃金を得たいという「人欲」であることは間違いありません。人々の持っている欲望を利用して経済を繁栄させ、人々の欲望に応えようとするのが資本主義経済です。

一生懸命に受験勉強するのも、良い会社に入って良い所得を得、それによって良い家庭を築きたいという人欲の発露によるものでしょう。人欲を排除するために学問をしたいとして受験勉強に励む人はほとんどいないでしょう。母親が熱心に子供の尻を叩き、塾に行かせるのも人欲ゆえです。

資本の蓄積は資本主義経済を発達させる基本的要因です。その資本蓄積は「節約」から生まれます。したがって、資本主義経済には「節約」という「美徳」が必要となります。節約とは、所得を現在の消費と将来の消費とに振り分けることにより利子所得という大きな効用が得られます。そこで、人々は節約を行ない、貯蓄を行ないます。つまり利子が節約を引き出すわけで、これが社会的に経済を発展させることになります。

そもそも資本主義経済で最も重要視されているのは、資本の投下を引き出す「利潤追求」です。利潤追求を是とする経済を資本主義経済と呼んでいますが、これぞまさに「人欲」の世界です。しかし、この個人の持っている人欲が、結果として社会に博愛をもたらすことを証明したのがアダム・スミスでした。そこから経済学も始まっています。

アダム・スミスは、各個人が「見えざる手」に導かれて、分業によって生産性を上げることで、多くの人々が豊かになることを是としたのです。ただ、同時に資本主義経済は勤勉と節約というプロテスタントの倫理に基づいていることをマックス・ウェーバーという社会学者が述べています。勤勉と節約は人欲の抑制にほかなりません。したがって、勤勉も節約も人欲によってしか引き出せない、と言い切ることはできません。もともと近代社会は、欲望によって制御される仕組みを内在しており、この仕組みはさらに大きな欲望を引き出す仕組みを生み出してきました。そして、我々の社会が本来人間が必要とするもの以上に生産し供給できるようになると、その過剰生産物を消化するためにさらなる欲望が必要になるという矛盾を繰り返すことになります。

さらに、権力欲や権勢欲は人間の「業」のようなものです。確かに、権力を持つ地位にあれば、人々が頭を下げてきて自分が偉くなったような気がするものです。人に頭を下げられて悪い気がする人はいないでしょう。政治家が選挙違反をし、利権漁りをしてまで地位を手に入れようとするのは醜いことですが、それを可能にしているのは庶民の醜い人欲なのです。「欲望を捨てろ」というのがいかに難しいことかは全ての人の知るところです。また、今日の社会において欲望を装置として機能させる資本主義経済以外に方法がないのは事実でしょう。

人欲を排せば良いとしても、どうすれば排除できるのか、「桜下塾」でも常にこの点を議論してきました。たとえば故松下幸之助氏の場合、氏がお金を欲しいと思わなくなったからあれほどの財産ができたのでしょうが、氏が最初からお金を欲しいと思わなかったら財産ができたのでしょうかと議論しています。お金が欲しいと思わなくなったら、なんだかんだとお金も入ってきたのでしょう。

実際のところ自分自身の生き方としてみたときに、人欲がもたらす醜さを自覚しているつもりです。しかし、現実には人々は人欲以外の要因によっても十分に動くものです。後に検討しますが、今日における陽明学が持つ意義はそこにあるように思います。欲望を装置として動かざるを得ない社会で、自らがどのように生きて行くかを自らに問うものとなります。そして、

「明明徳」を目指して、人欲を排して天理に従う生活を復活することができるか否か、この点が現代日本の文明的危機を回避するためのキーポイントであるように思います。後で詳しく述べますが、一人の人間の無欲の行動が社会全体を変えてゆくというメカニズムが今日の社会にも内在しているのです。つまり、現代社会が単なる機械仕掛けの欲望発生器でないことも事実です。それ故に、王陽明の楽観論を受け入れることが極めて重要になってくると考えています。

第6章　知行合一

1　知とは何か

「知行合一」は陽明学のキーワードとして最もよく知られているものです。多くの人々は陽明学の内容を知らなくとも「知行合一」は知っているでしょう。知行合一は明治維新の志士たちの行動原理であり、革命思想であると見られています。

王陽明は「知」と「行」は不可分であると言います。「知は行の始め、行は知の成れるなり。聖学はただ一個の功夫。知行は分かちて両事と作すべからず」と、知と行は一つのものであって、二つに分けるべきではないと教えます（巻上　27）。

徐愛、宗賢、惟賢の三人が「知行合一」について議論しましたが、結論が得られなかったので先生に聞くことにします。徐愛が「父に対しては孝、兄に対しては弟（年長者に素直に従う）であるべきということを知っていてできない者がいます。これで見ると、知と行とは明らかに二つのものではないですか」と質問したのに対して、王陽明は「それは私欲によって分断されているのであって、それは知行の本来の姿ではない」とし、「知って行なわない者はなく、もし知って行なわないなら、それはまだよく知らないのです」と言います。そして、「昔の聖賢（孔子・孟子）は知行をその本来の姿に復らしめることを教えたのです」と言います。「『大学』では真の知行を好色（美しい色）を好むがごとく、悪臭を悪むがごとし」としています。「『好色を見る』は知に属し、『好色を好む』は行に属します。しかし、実際には、美しい色を見たその瞬間にその色が好きになるのであって、その色を見た後で心が動いてその色が好きになるわけではないでしょう。また、悪臭を嫌うのも同じことで、悪臭をかぐのは知に属し、悪臭を嫌になるのは行に属します。しかし、悪臭をかいだ瞬間にその臭いを嫌うのであって、その臭いをかいだ後からその臭いが嫌いになるわけではありません。鼻が詰まっている人は悪臭を嫌わないが、これは悪臭を知らないからです」と言います。

孝と弟についても同じことです。ある人が孝や弟の考え方を理解しただけで、孝・弟を知っているとは言えません。その人が既に孝や弟を実践していてこそ、孝・弟を知ると言えるのです。同じように痛さを経験して痛いということがわかり、寒さを経験して寒さを知り、ひもじい思いをして饑えがわかります。こう考えると、知と行をどうして分けることができるのでしょうか。したがって、聖人は、知と行を必ず一致させるようにと教えます。これを本当の知というべきで、そうでなければ知というべきではありません。そういう訳で、この知行合一こそ非常に大切な、実際的な修養なのです。しかるに、どうして知と行を二つのものとして説こうとするのでしょうか。私の議論の主旨が分からないで、一つだの二つだの言っても無駄なことです」と言います（巻上　5-Ⅰ）。

徐愛が「古人（孔子や孟子のこと）が知と行を二つに分けて説いたのは、わかりやすくするためであって、一方で知の修養をし、他方で行の修養をすれば、両者相俟《ま》って成果があるのではないでしょうか」と問うと、「その考えは古人の説を誤解しています。私はかねて、『知は行の目的であり、行は知の実践である。また知は行の始めであって、行は知の完成である』と言ってきました。一つの知を説いていても、そこには行があります。一つの行を説いていても、そこには知があります。古人が一つの知を説き、一つの行を説いたのは、私意に任せて思慮反省しない人のために、一つの知を説き、行を少しでも改善させようとしたのです。他方、空虚な思索にふけり着実な実行を行なわない人のために一つの行を説いて、その人の知が少しでも本物に近づくようにしたのです。こうして古人はやむをえずして偏りをなおしてその弊害を少なくしようとしたのです。このあたりの意味がわかれば、知と行のどちらか一方を言えば十分なわけです。ところが、今の学者は知と行を分けて考え、まずよく知るための修養をし、次に行の修養をしようとします。しばらくは講習や討論をして知の修養をし、真実を知ってから、行の修養をしようと言います。そういうやり方だと、ついに死ぬまで行なわず、死ぬまで知ることもありません。これは軽い病気ではありません。私の知行合一の説はこの病気に対する薬なのです。これは私が勝手に作った議論ではなく、知行の本体なのです。こうした根幹のことを理解しているのであれば、知行は二つだと言っても差し支えありません。それは結局、一つのことなのですから。しかし、それが理解できなければ、知行は一つだと言ってみても意味のないことになります」と知行合一の意味を説明します（巻上　5-Ⅱ）。

『中庸』にあるように「生知安行・学知利行・困知勉行」という形で知と行を分ける議論がありますが、ここで徐愛は知の修養と行の修養の両者が相俟って成果になると理解したことを王陽明は批判します。すなわち、知と行は同じ物というのが王陽明の考えです。多くの日本人が理解しているように「知と行は一致しなければならない」と言っているのではありません。日本人の多くは道徳律として「言行一致」あるいは「不言実行」ということを尊び、「言行が一致しない人は信用されない」という言い方をよくします。しかしながら、これらは陽明学の「知行」の議論とは違うように思います。王陽明は「知」と「行」は元々分離できるものではない、知行は一体であると主張します。別の所では「知行並進の説」とも言っています。『中庸』に見られるように、知行を分けて議論しているのは一方に偏る人が少なくないので、その偏りを是正するためだ、というのが王陽明の主張です。

「知」になれば自然に「行」になり、「行」になれば自然に「知」になるのが知行合一なのです。ただ、他のところで「知は行の目的であり、行は知の実行だ」とも言っています。そして、「知」が初めで、「行」は完成と言っているので論理的な順序を認めているわけですが、これも理解のための便法だと言います。また、「真知は行たる所以なり。行なわざれば、これを知というに足りず」と言い、「行のない知は知と呼ばない」と言い切ります。親孝行を実行していない人をもって親孝行を知っているとはいえないとします。むしろ、「行」は「知」の必要条件のように感じます。すなわち、その対偶をとると、「行」がなければ「知」とは言えないことになるのです。一般には、知が心を動かし、心が意を動かし、意が行となるという順序を考えますが、同時に逆もあると考えるのが陽明学です。

また、「一念発動して、これ不善なりと言えども、然れどもかえって未だ行なはざれば、すなわち去いて禁止せざることあり（ある一念が生じて、それが不善である場合にも、実際の行動に表さなければ、それを禁止しようとしないことがある）」と指摘してこれを否定します。王陽明は、心の不善を考えても実行に移さなければかまわないのだ、という考えを否定するためにも知行合一を説きます。「人に一念の発動あるところは、すなわちこれを行なえることをさとり、発動するところに不善有れば、すなわちこの不善のことを克倒するを求め、かならず徹根徹底し、かの一念の不善をして潜伏して胸中にあらしめず（心に一念が生ずれば、それはすなわち行なったことである。それが不善なものであればその不善の念を徹底的に克服し、胸中に残ることのないようにすべきである）」と、不善においても知行合一の必要性を説きます。すなわち、心が正しくなければ、それを行動に移さなくても是としないのが王陽明です。すなわち、表面的に義を行なっている「義外」を否定して、義を心に求めることから「知行合一」になるのです（巻下　26）。

王陽明は「知行の本体は、すなわちこれ良知良能にして、困勉の人にありといえども、また皆これを生知安行というべし」と言います。心の本体は「良知」であるので、誰でも生知安行に行ないができることになります。ここでも生来持っている「良知」を発揮することが「知行合一」であることは重要なポイントです（巻中　又11）。

王陽明自身、山深い龍場に左遷され、そこで言葉も通じない異邦人と生活することになります。ここで、『大学』に書かれた「明明徳」（明徳を明らかにする）を実践すべく住民の教化を始めました。『大学』は「明明徳」を目的としていますが、このための修身は君子だけでなく、庶民にも必要だからです。こうして、『大学』の世界を実現すべくこれを実践することが王陽明を開眼させて「知」に至らしめ、それが中央政界に戻るきっかけを作ることになりました。「知行合一」というと大塩平八郎や吉田松陰の行動を連想します。大坂町奉行の与力をしていた大塩平八郎が大坂の町民救済のために反乱を起こしたり、吉田松陰が黒船での密航を企てたり、老中の間部詮勝要撃を指示したりしたのはその例として知られています。しかし、これらは「知行合一」の一部でしかありません。「知行合一」の本義からいえば知は良知であり、心の本体であるので、心の本体を実行するのが知行合一なのです。したがって、王陽明が言うように「行のない知はない」のであり、「行」は「良知を致す」ことにほかなりません。そうであれば、「知行合一」は何も政治の世界だけのことではなく、生活の全ての面で存在することです。

2　道徳は未発か已発か

『中庸』に「未発の中、已《い》発の和」という議論があります。「喜怒哀楽の未だ発せざる、之を中という。発してみな節にあたる、之を和という」と言い、中和を理想の姿としています。これに関し、陸澄が「仁・義・礼・智の名称は外に発現したもの（已発）につけたのでしょうか、また、惻隠・羞悪・辞譲・是非といったことは、人の本性（性）が外に現れたものでしょうか」と質問したのに対して、王陽明は「その通りです。仁・義・礼・智の四徳も人間の性の表れにほかなりません。人間の本性はただ一つですが、場合によって名称が変わります。形態の面から見た場合は『天』といわれ、万物を主宰する意味では『帝』といい、生々流動する意味からは『命』といい、人にもともと具わっているものという意味からは『性』といい、一身の主体であるという意味からは『心』というのです。その心が発動して、父に対する時はそれを『孝』といい、君に対しては『忠』ということになります。その他いろいろな場合に応じて名称は限りなくありますが、すべてはただ一つの『性』に帰します。それはあたかも、一人の人間が父に対しては子といい、子に対しては父というように、呼称は限りなく多様であっても、同一の人間であることに変わりがないようなものです。したがって、人はただ本来の性を尽くすように修養するべきで、この『性』の内容を把握できれば、すべての理は燦然として明らかになるのです」と答えます。

孟子は「惻隠の心は仁の端なり。羞悪の心は義の端なり。辞譲の心は礼の端なり。是非の心は智の端なり」としています。このことから、朱子学では、仁・義・礼・智という道徳律は「未発」であるとします。すなわち、心にあって未だ行動に現れていないものとするのです。これに対し、王陽明は仁・義・礼・智は人間の本性が外に表れたものであるとします。外への表れ方は多様ですが、それらは根源において「性」であり「一」であることを強調します（巻上 39）。

弟子の徐愛が「先日の先生の説（格物の説）を聞いておぼろげながら修養をどのようにしたらよいというのがわかりました。今日、お話をうかがって、それがいっそう明らかになりました。私が昨晩考えたのは、格物の「物」とは、つまり「事」のことで、これらはみな心の作用についていうものではないでしょうか」と言うと、王陽明は「その通り。身体を主宰するものは心であり、心から発するものが意、意の本体は知である。そして意の及んでいるところが物なのです。例えば、親に仕えようという意を持てば、親に仕えるというそのことが一つの物です。君に仕えようという意であれば、君に仕えるということが一つの物です。また民に仁を及ぼし、万物を愛したいと欲すれば、民に仁を及ぼし、万物を愛することが一つの物です。何かを視たり、聴いたり、言ったり、行動したいとの意欲があれば、その視・聴・言・動のそれぞれが、ほかならぬ一つの物です。だから私は、心の外に理はなく、心の外に物はない、と言うのです。『中庸』にいうように誠がなければ物なしです。『大学』でも、明徳を明らかにするには、なによりも意を誠にするべきであり、意を誠にするには、なによりも物を格すのだと言っています」と言います（巻上　6-Ⅲ）。ここで王陽明は、彼の世界観である「事物一体、心・意・知は一体である」という考えを示しています。「物」は音を示す「牛」と旁の「勿」からなりますが、「勿」はまだらな状態を示しており、牛の模様がまだらな状態を示しています。すなわち、現実は多様な状況であることを示しており、したがって、「格物」は多様な状況にある現実をまっすぐにするということになります。「万物」といったときには、たくさんの不揃いなものということになります。したがって、「一物」はこの「一」に意味があります。一方、「事」は仕事や商売の内容を示す旗を意味しています。「手」と旗をつける支えをあわせた字になっています。したがって、しるしの意味になります。そして、仕事や事柄という意味になります。「事事物物」は朱子の重要な議論ですが、それぞれの現実、それぞれの仕事ということになります。王陽明はこの「物」と「事」も一体であるとして、「事事物物」に分けることを反対します。現実を正すことこそが自分の仕事ということになります。

また、「意」とは意味を示す「心」と音を示す「音」からなっていて、「音」は気が充満して塞がれている状態を示しています。したがって「意」とは「抑えられていて充満している心」を意味しています。まだ外には出ていない心です。「知」は先に述べたように、次から次に神の言葉が出てくることを意味していて、知恵者のことを意味します。「誠」は文字通り「言葉が成る」という意味ですので、言行一致ということになります。この心・意・知・誠は一体であることも王陽明の示す重要な点です。自らを支配しているのは心であって、心が動いて行動を起こそうとするのは「意」の働きであり、意が何かしようとしてそれを実現することは「一物」だというのです。そして、「意」の本体は「知」であるので、知行合一ということになるのです。

「知行合一」は、王陽明の思想のキーポイントであるわけですが、その「知」と「行」に先後はないというのが陽明学の基本です。常識的には「知」が先にあって「行」が後でしょう。朱子学では格物・致知・誠意・正心・修身という過程を経由して、まさに知によって得た「未発の中」が「已発の和」を実現することになるわけです。

3 知と行

王陽明によると、儒家の伝統では知と行はもともと同じものであったのに、それを二つに分けたことから「知行合一」が必要になったのだということです。すなわち、知から行であるとともに、行から知でもあるわけで、知と行を合一したところに王陽明の特徴があります。このうち、「行から知へ」という考え方を、今日の日本人はすっかりなくしてしまっています。「行なうことが知を育てる」という側面を忘れて知育教育一辺倒となっているのがその証拠です。もっとも最近では、その知育教育も廃れてしまっているのが現実です。それは、現在の教育のありようが、主として人欲追及を是とする教育になっているためです。ただ、「行から知へ」という考えはかなり以前から廃れています。逆に見れば、「行から知へ」という教育がなくなったことが知育教育も衰退させたのでしょう。その例を挙げると、理科では実験も自然観察もしなくなり、社会科ではボランティアも社会見学も重視しません。算数では算盤《そろばん》をやらなくなり、国語で百人一首の朗誦もやりません。このように同じ知育教育でも「行」がなくなっているのです。現状は、個性教育をするのだと称して、子供の人欲に阿《おもね》ているにすぎません。個性教育とはまず人欲を排することから始めるべきなのに、その辺をはき違えているのだと思います。

さらに、王陽明は朱子の「理心二元論」がこういった問題を生むと批判します。すなわち、心の本体＝性、性＝理であるので、王陽明は理心は一体であるとして「心即理」を主張します。ところが朱子は理と心を二つに分けた、そこに問題が生じたのだと王陽明は言います。「人が学を為す所以のものは、心と理のみ」という朱子の主張に対して、王陽明はその「と」がいけないと言います。「と」がなければ王陽明も朱子の議論に賛成し、「人の学問の対象となるものは心と理のみである」と言います。理心一元論であれば、もともと知と行が分かれることはないのです。行はまさに「心の本体」によって動かされるので、行＝心の本体＝性＝理＝知となってゆきます。

ただ、王陽明も勉強による「知」を否定しているわけではありません。陽明学も儒学ですから四書五経を朝から晩まで読まねばならないのは朱子学と大差がありません。儒学は孔子・孟子の言葉の中に、すべての真理が存在することが前提となっています。しかしながら、王陽明はそれだけにとどまると天理から離れることを心配したのでしょう。それゆえ、行なうことこそ「心」と直結した知を得る唯一の手段だとするのです。行なわなければ四書五経もわからないことになります。四書五経に限らず、世の中のことは本を読んだだけでわかるものではありません。ただ、本を読まなければわからないのも当然で、四書五経も読まないで儒学がわかるはずはありません。

学生にも、批判するにはその議論を十分に読んで批判するように、とよく言っています。正しい議論を求めて行なう批判も、自らの良知から発するものでなければなりません。しかし、同時に、批判の対象としているものが何かがわからないで議論することは的を得ていません。

さらに、王陽明の「知行合一」は次のように言い換えることもできると思います。すなわち、「知は行の目的であり、行は知の実行」を逆に、「行は知の触発であり、知は行の成就である」と考えるのです。そのように考えれば「知行合一」の概念が拡大し、よりよく理解しやすくなるでしょう。

一般に「知」と考えられているものはアプリオリ（経験する前の状態、先験的の意味）な概念から出発した観察から生まれるところの「知」であって、これはこれまでも多数の人々が「経験」してきたことを整理して、それをまたアプリオリ（先験的）な概念として「学問」に作り上げたものなのです。したがって、本人にとっては「行」の前の「知」は経験を経ていないのでアプリオリな概念にすぎませんが、それまでには多くの人々によって経験されてきたものを整理したものなのです。したがって、行があって初めて本当の知を考え、行によって知は自分のものになると考えればよいと思います。そして、アプリオリな知は行を助け、行によってより完全な知に導くものと見れば、我々は勉強をしながら実践することの意義が了解されるものと思います。我々が「知」の活用と考えているものは、すでに多くの人々の経験から生まれた概念の積み上げをフルに活用することにほかならず、そうすることが「知行合一」となるのです。

4　学問の方法

また、朱子は『大学或問』において、「物理はこれを分析してその精緻さを極めて、その揺るぎのないところに至れば、それを合わせてその全体のすべてを尽くして、残らないようにするべきである」と言っています。これについて質問された王陽明は、「これはまだ完全なものではありません。『理』というものを分析したり、総合したりどうしてできるのですか。聖人は『精一』を説いており、これがすべてを尽くすことになるのです」と、朱子の学問上の方法論に反論します（巻上　36）。

この朱子の考えは近代科学の方法に近い構造をしています。すなわち、近代科学の哲学的基礎を作ったデカルトは「四規則」として思考の規則を設けています（『方法序説』第二部を参照）。

第一に、「明証性の規則」と呼ばれるものです。明証的に真であると認めることなしには、いかなることをも真であると受け止めてはならない、すなわち、速断と偏見を避けることです。それを疑ういかなる隙間も無いほど、それほど明晰に真であると認められるものでなければならないとします。

第二に、「分析の規則」と呼ばれるもので、問題の各々を、できる限り多くの、そして、それらのものをよりよく解決するために求められうるかぎり細かな、小部分に分割すること。つまり「要素に還元する」ことを科学的方法の基礎におきます。

第三に、「総合の規則」と呼ばれるもので、これは思索を順序に従って導くことです。もっとも単純で、もっとも容易であるものから思考を始めて、より複雑なものへと認識を進め、だんだん登ってゆくべきである、とするのです。なお、それ自体としてはお互いに順序の無いものでも、対象のあいだに順序を仮定しながら進めることが必要になります。

第四に、「枚挙の規則」と呼ばれるもので、どの部分についても完全に数えあげること、全般にわたって余すところなき再検査を行なうことです。デカルトの提示した科学の方法は、明白に真となるまで、要素に還元し、それを順序立てて全体を余すところなく思考するということで、これを「要素還元主義の方法」といいます。

このデカルトの方法は近代科学を大きく発展させ、近代以降、ヨーロッパ人を地球の支配者にしたのです。朱子はこれと同様の方法を持っており、中国に近代をもたらさなかったものの、「統治論」としての儒学を定着させることになります。このヨーロッパ的な論理による朱子の考えは日本に輸入されて、武士の統治の理論となり、「江戸」という長期の安定社会を作ることになったのです。

今日の科学は、理論が現実に照らして反証されないことを示すというカール・ポッパーの示した「反証主義」の形式を持つことが求められます。すなわち、一つ一つの問題に関して仮説を建てて、それがデータや実験によって「間違っている」と確かめる方法があることがポイントになります。そこで、データや実験によって反証されなければ反証するデータが出てくるまでは、これを暫定的に受け入れようというのが科学のルールです。この方法は科学を大きく発展させ、今日の経済社会を大きく発展させたことは間違いのないことです。しかし、この朱子学的な「事事物物」の理を追及する考え方が、今日の閉塞感を生んでいるのです。すなわち、「事事物物」でなければ、それぞれの内容に関して議論ができない、しかしながら「事事物物」では、心は実現しないのです。心の本体が明らかになるのは「行」であって、「行」が「知」に至らせるのです。

王陽明はこの朱子の「要素還元主義」に反対して、「理」は分けようも総合しようもないとして、「精一」、すなわち、「一体化」を求めてそれで尽くされるとするのです。これはヨーロッパでも例えばベルクソンの哲学に見られるものです。ベルクソンは要素還元主義に対して「生命の哲学」を提示して「生物学」的な世界観から批判します。『形而上学入門』において、「分析」の限界を示し、「直観」の重要性を指摘します。すなわち、部分の合計と全体は異なり、分析によっては対象を捉えることはできず、全体を把握するためには「直観」しかないと主張するのです。そして、この考えは「複雑系」の議論に発展してゆくことになります。複雑系は要素に分割することも因果関係を調べることもできず、観察者がシステムの外においてシステムを観察することはできないことになります。王陽明は、まさにこの反デカルトの考えを明らかに示していたのです。

蔡元定の著書である『律呂親書』（音楽の理論を応用して事物の理を説いた書物で、律呂とは声音を正す道具）についての質問があります。「学問をする人は自分のすべきことに集中すべきです。『律呂親書』にあるような数字の計算ができても役に立たないでしょう。まず礼楽の根本を備えなければなりません。律呂では竹の管を使って『気』を考えようとするのですが、冬至の時期でも管灰の飛ぶ時間も異なるし、その管が冬至を示していることをどうして知ることができるのでしょうか。学問をする人は必ず礼楽の本質から始めなければなりません」と答えます（巻上　62）。小手先の技術論ではなく、学問の本質から考えよ、というのは今日でも通じる話です。

5 学問の役割

デカルトによって形成された「近代」の発想は多くのものを生み出したのはまちがいないところです。しかし、このような形で作り上げられた「知」は現実の一部でしかないのです。多くの学問が多大な成果を上げてきましたが、それは現実の一部にすぎず、我々が書籍を通じてわかることは大したことがないのです（もっとも、それ自体もできないのですが）。すなわち、あらゆる理論は観察された現象を統一的に理解するための一つの方法です。現実は「複雑系」なので、時と場合によって、現象が異なるのです。しかも経路依存性などの多様な現象が表れることになります。

とはいうものの、我々は何らかの手掛かりは欲しいものです。そこで現実を理論として「単純化」して理論を構築して、行動の指針とするのです。その基本的な方法がデカルトの方法でした。ところが、複雑系を統一的にとらえる方法はありません。結局は、科学的方法とはシステムの持つ性質の一部を理論としてまとめているにすぎないのです。したがって、我々の積み上げてきた「知」がいくら厖大なものでも、現実の一部でしかないのです。したがって、「複雑」な現実の社会や自然は、実際に「行」がなければこれを知ることができないものなのです。書籍で勉強して「知」を得るとしても、それは一つの概念を持ったにすぎず、本質的な「知」に至るわけではありません。儒学的に言えば、勉強によって性を尽くすことは元々不可能なのです。勉強によって得られる「知」と同時に行動を起こすことで「知」に至ることになるのです。知を得るためには現実を経験しなければならないと考えるのはむしろ常識でしょう。知が心を動かし、行動を引き起こし、行動が真知に至らせることになるのです。

しかしながら、アプリオリな「知」は経験を整理するに是非とも必要なものであり、決して不要なものではありません。陽明学徒の一部に学習を無視したことの指摘がありますが、王陽明自身は、それこそ厖大な儒学、仏教、道教の知識を得て、それを行動に移して始めて「真知」に至ったわけでしょう。アプリオリな「知」は「行」によって得られる本当の「知」を生むための手助けになるのではないでしょうか。いわゆる勉強から得られるアプリオリな「知」もまた重要なのです。しかし、それが実践にならなければ「知」ではないことを王陽明は指摘していると考えるべきでしょう。

その点をもう少し詳しく見てみましょう。個人の行動を動機付けるのは「心の本体」ですが、王陽明にあっては「良知」が動機付けます。「良知」はすでに議論したように「誰にも存在するものであるが、人欲によって遮蔽されている」というのが王陽明の思想でした。結局、「人欲を排し、天理に従う」とする「姿勢」が行動を生むことになるのではないでしょうか。そうすることで「良知を致す」こととなり、「行」によって「知」に至ることになるのです。すなわち、知は部分でしかなく、単純な形にして理解しようというものです。しかし、行は現実を対象としている。現実は複雑な全体である。したがって、やってみないとわからないことが多いのは言うまでもありません。知は行を通じて全体知になるのです。

したがって、アプリオリな知を軽視するのは大間違いです。よく「理論は意味がなく、俺は現実に生きている」と大言する人がいます。多くの場合、彼は人欲という現実に生きていて、それを現実と言っているのです。それが見えていないのです。我々がいかに人欲から離れがたく「致知」になり難いかを考えねばなりません。そのために「アプリオリな知」である理論は役に立つのです。理論も知らない人は「行」も行なえないのです。

6　学問と知

このように考えていくと、従来の学問の考えと王陽明の考えには大きなギャップがあります。陽明学の中には、いわゆる学問を勉強することを軽視する一派も生まれています。この学問と王陽明の言う「知」との関係に関して王陽明は顧東橋の手紙に対する反論で、興味深い話をしています。顧東橋は「心の本体はわかっていても欲望が覆い隠している」という王陽明の議論を肯定し『中庸』の学問に関する議論を引用しながら「学問思弁をもって『理』を明らかにしなければ、自らを感情や恣意に任せることにならないか」という質問をします。『中庸』にこの学・問・思・弁・行のあり方が書かれています。すなわち、

博学之、審問之、慎思之、明弁之、篤行之

（これをひろく学び、これをつまびらかに問い、これをつつしみて思い、これを明らかに弁じ、これをあつく行なう）

の引用です。すなわち、ここでは「誠」を得るためには、博く学び、つまびらかに問い、慎重に自分に反省して行動を考える、行動の区別を明らかにして、心を込めて実行するというプログラムを示しています。

このように知行合一こそ王陽明の思想の中心ですが、実際に、知行合一を行なうことはきわめて難しいことです。桜下塾でも私は大酒呑みで有名なのですが、酒を飲み過ぎてはよくないことが分かっていても、実行は難しいことを提起しました。また、多くの日本人の理解として陽明学は「わかっているならしっかりやれ」という理解になっていますが、本当にそうなのか考えねばならないと問いました。「わかっているけどやめられない」というのが現実で困ります。

塾での議論の結果は、我々は「良知」をいかに理解していないかということです。「良知」とは孔子の言うところの「七十（歳）にして心の欲するところに従いて矩《のり》を超えず」の「心」です。ここで重要なことは次の二点だと考えます。

王陽明は弟子に厳しい「行」だけを要求しているのではなく、もっと自由で柔軟な「知」を求めているのではないか、王陽明の言う「良知」とは「寛大でこだわりのない知」ではないかと思います。したがって、「良知に従う」とは我々に困難なことを要求しているのではなく、楽しんでやれと言っているのではないでしょうか。もし、心の良知に従うのであれば苦痛ではないはずであり、楽しいはずです。孔子の言うところの「之を知る者は好む者にしかず、之を好む者は楽しむ者にしかず」という話に通じると思います。したがって、陽明学は「我慢して努力しなさい」という道徳主義の議論や「革命」を標榜するイデオロギーとは違うのです。

陽明学は自由闊達でこだわりがなく明るい思想であることに注目すべきだと思います。良知に対する貫徹した楽観論があるからこそ知行合一を主張できるのではないかと思います。我々が気を付けなければならないことは、言葉の概念というのは、いかに狭くてこだわりの強いものであるか、ということです。王陽明の発想はもっと自由闊達なのです。

徐愛が「道には精密で学ぶのが難しいものと、粗雑だが容易なものとがあるのですか」と質問します。これに対して、王陽明は「道に精粗はなく、人の見方にあります」と答えます。「これはある部屋のようなもので、最初その部屋に入ったとき、だいたいのことは分かるが、しばらくすると柱や壁の一つ一つが明らかに見えてきます。さらに部屋におれば、柱の上の彫り物の模様など細かいところまで見えるようになります。しかしながら、部屋であることに変わりがありません」と譬え話で答えます（巻上　64）。修養をしておれば自然に道理を理解できるようになるのだから、道理そのものが分かる者と分からない者があるわけではなく、ともかく修養するようにと勧めています。勉強に難しいものと易しいものがあるのではなく、むしろ自分の態度次第だというのは含蓄のある言葉です。書籍でも何度も繰り返し読んでゆくことが重要であるというのは大事な指摘です。最初に読んだとき気が付かないものが何回も読んでいるうちに気が付くといったようなことが少なくないように思います。

7　知行合一は楽しみ

これまで見てきたように、「知行合一」をよく聞くような「言行一致」や「不言実行」という生活感覚の道徳と理解することは適当ではなく、『論語』に言う「心の欲するところに従いて矩を踰えず」が知行合一であり、さらに、『論語』に言う「之を知る者は好む者にしかず、之を好む者は楽しむ者にしかず」という考えがまさに「知行合一」であるように思えます。知行が合一できるのはそれが好ましいからであり、さらに楽しいからなのです。楽しいことが実行されるのは間違いのないことです。

東洋哲学が我慢、忍耐というような道徳論と同一視されますが、これは基本的におかしなことです。『論語』に代表される中国哲学は西洋流に言うと「快楽主義」です。快楽主義とは古代ギリシアのエピクロスなどの哲学ですが、あらゆるこだわりを絶って、平静不動であることが快楽であると言います。「知行合一」は楽しくなければ実行できないものです。

勉強も同様です。勉強は楽しいからできるのです。弟子の欒《らん》子仁が「『論語』学而篇の『学んで時にこれを習う、また説《よろこ》ばしからずや』という孔子の言葉について、朱子は学の字を効

（ならう、まねをする）と解釈し、先覚者の事跡を効《なら》うことだとしていますが、それでよろしいのでしょうか」と質問します。これに対し王陽明は次のように答えます。

「孔子の言っている『学ぶ』とは、人欲を去って天理に従うことを学ぶことです。人欲を去り、天理の存する所に従っておれば、自然に先覚者の言動を参照することで己自身を正し、古えの訓えに照らして考察したり、多くの問弁・思索・存養・省察・克己・治身の修養を行なうことになります。しかし、これはあくまで、わが心の人欲を排し天理に従うにすぎません。もしこれを『学ぶとは先覚者の行なったことを模倣することだ』と解すると、それはただ学問の中の一部だけを説いて、単に学問を自己の外に向かって求めているにすぎません。また『時に習う』とは、正しく座ることとの形だけを習うのではなく、座るときにこの心を学ぶことです。立つには斎（物忌みの時のように）するが如く（礼記にある）というのも、もっぱら立つことを習うのではなく、立つときの心を習うとすべきです。また『説ぶ』とは、人の心は本来、理義を喜ぶものです。目が本来、美しい色を喜び、耳が本来、美しい声を喜ぶようなものです。ただ、人欲によって覆われ妨げられているために説ばなくなっているにすぎません。いま、人欲を去れば、理義は日々に回復します。これをどうして喜ばないでおれましょうか」（巻上 112）。

右の解釈は、『論語』学而篇の「学」を先人の言動を真似ることではなく、「人欲を排し、天理に従う」という王陽明の思想に従ったものです。「習う」も「形を習う」のではなく、「心を習う」のだということになります。「説《よろこ》ぶ」のも心が理義を喜んでいるのだという孟子の考えにしたがって説明しています。

そこで、われわれは何故「努めるべき」なのかといえば「好む」からであり、「好む」は「楽しむ」からなのでしょう。王陽明が人びとに「功（修養）」を求め、「知行合一」を求めるのは、何も嫌なことを我慢せよというのではなく、「嫌なことではない」ようになれということでしょう。私自身、大学に入るときも、大学に入ってからも、公務員試験を受けるときも、そして就職してからも、仕事しながら学位論文を書いたことなど克己心がなければできないこともしてきたのですが、果たしてつきつめて考えると、それが克己心によるものであったかどうか、わかりません。振り返れば、受験勉強はきわめて厳しいことでしたが、その後は特に苦労したつもりはありません。人間誰しも努めれば好きになり、好きになれば楽しくなるものです。だから、その努力は好むため、楽しむための努力であって、そもそも、努力なくして好きになるようなことは、つまらないものでしかありません。スポーツでも遊技でも同様です。それらを楽しむには、最初に練習しなければなりません。ただ、スポーツは肉体的快楽で容易に受容できますが、精神の快楽となればスポーツとは比較にならないほどの努力を要求されるのです。しかし、それを超えれば「好む者」になり、もっと「実践」すれば「楽しむ者」になるのは同じです。趣味の世界でも、「人欲」でなく、熱中することによって、その趣味の世界の窮極を求めるのは楽しいことになります。こういったことも、大きな意味で「知行合一」といえるでしょう。

第７章　事上磨錬

1　修養のあり方

陽明学は朱子学を口耳の学問であると批判し、人欲を排すための「工夫（修養）」を強調します。これは日々の実践を通じて修養し、「良知」を見いだすことを求める「事上磨錬《じじょうまれん》」を第一とします。すなわち、まずは「事」に当たって自分を磨くことがそのポイントとなります。すなわち、自らを研鑽し、人格形成を行なっていくためには、机上の議論ではなく現実に対応した実践を求めます。そして、その結果として「人欲を排し天理に従う」ことになって修養が完成するという考えです。

この「事上磨錬」に関して、弟子の陸澄と王陽明の興味深い対話があります。陸澄が「聖人というものはものごとの変化に柔軟に対応して行き詰まることがない。これはこの推移についてあらかじめよく研究して対処の方法を考えているからでしょうか」との問いを発します。これに対して、王陽明は「多事多様なものをあらかじめ考えておくことなど、どうしてできようか。聖人の心は『明鏡』のようなものです」と言います。すなわち、あらゆる状況を考え尽くすことなどできるものではない。それよりも心を鏡のように輝かせておけばよい。心の鏡がいつも光っておれば、あらかじめ考えておかなくても、物事のあるがままをいつでも照らすことができる、との考えです。「あらかじめよく研究せよ」という朱子は、まだ起こっていないことを想定し、まだ照らされていないものをわかるべきだと言っているのですが、そんなことはできるわけがないと言うのです。

堯や舜でも、在世中に実現できずに周公の出現を待つこともあったし、周公は礼楽を作り文明の世の中にしたが、それでも不十分であり、聖人である孔子の出現（孔子は六経を編纂し万世に伝えた）を待った面もあるわけです。聖人は「自己の鏡が明らかでないことを怖れるのであって、将来起こることを照らせないことを怖れない」として、事に当たってそれを明らかに照らせないことが問題なので、将来、なにが起こるかは気にしないものだとします（巻上21）。とかく我々は結果を良くしたいと思って、将来起こることについて必死で考えます。考えること自体は悪くないのですが、考えすぎて結局失敗することも少なくありません。将来のことをくよくよ考えるのは、将来成功して利益を得ようとする「人欲」によるものです。良い結果を得ようとする人欲を排して、自らの人格を常に磨いておれば、何を心配する必要があるのか、というのが王陽明の忠告です。人間として正しく良知を発揮できるようにしておけば怖いことはないのです。

ほかのところにもこの「明鏡論」が出てきます。弟子の徐愛の次の発言です。「心は鏡のようなものです。同じ鏡でも、聖人の心はよく物を分別する明鏡であるが、一般人の心は昏《くら》い鏡です。朱子の格物の説は、物を鏡で照らすことに努力していたが、肝心の鏡が曇っていたことを知りませんでした。これでは物を照らせるはずがありません。（陽明）先生の学問は鏡を磨いて明るくしようとするものであり、磨いて明るくするのに努力した上で、世を照らし続けてやまなかったのです」（巻上　63）。

このように『伝習録』では明鏡の話が多くのところに出てきます。また、『荘子』などにも心を写すものとして鏡が出てきますので中国人の好みかもしれません。徐愛の場合は「照らす」ことに重点がありますが、この「照らすをやめず」というのが徐愛の王陽明に対する評価なのでしょう。すなわち、心広く多くの人の心に多くの光を与えている王陽明の姿を言いたいのです。鏡はこのような例によく使われるのですが、王陽明の「照らすをやめず」という言葉には実感があります。我々も努力の上、やめないことが重要と思います。

そして、学問に仕える者は、「まず心を明らかにする修養をしなければならず、心が明らかでないことを憂えても、事物の転変のすべてを知り尽くせるかどうかを心配する必要はありません」と、心の本性を十分に引き出せるようにすることが問題で、仕事ができないことが問題なのではないと、自らの欲望による姿勢をたしなめます（巻上　21）。

しかも「道理は常に定まっているのではなく、しかも言い尽くされることはない」と、将来の状況は変幻自在であり、これを分かろうとしても尽くすことはできないと言います。現実の社会は複雑系ですので、諸条件の変化にしたがってその様子をどんどん変えてゆくことになります。これは分かろうとしても分かるものではありません。実際、追求すべきものがいくらでもあり、「堯舜は聖人の政治であるが、彼らの上を行く善がまだあります。桀紂は悪人の政治であるが、彼らよりひどい悪人も生まれましょう」として、善悪は上には上があり、下には下があってわかるものではないことを言います（巻上 22）。

弟子の澄が、孟子のいう「中を執《と》って権なきは、なお一を執るがごとし（中庸を把握しながら、臨機応変の対応ができなければ、ある一方だけに固執するのと同じだ）」という言葉について質問をします。これに対し、王陽明は「中（中庸）というのは天理に他なりません。それは同時に易でもあります。これは時によって変化するものであるから、どうしてそれに固執しておれようか。ものごとは時に応じて適宜処理すべきであって、あらかじめ一つの規格を決めておくことはできません。後世の儒家は道理を一つ一つ説いて漏れの無いように努めているが、これは「格式」を作ろうとするものであり、孟子のいう固執に当たる」と言います（巻上 53）。何が正しいかをあらかじめ決めておくこと自体無理があると言います。現実の社会が複雑系である限り、同じことが起こることはあり得ません。変化しているものを捉えてこれが正しいとすれば、それは固執になって正しい判断はできないことになります。「易」であるというのは中国らしい表現です。易とは、「簡易」「変易」「不易」という言葉から察せられるように、森羅万象が変わるものであり、変わらないものでもあり、知りやすく従いやすいものという意になります。この「易」の考えは中国思想独特のもので日本人には理解が難しいのですが、実に意味の深いもののように思います。したがって、これが「中」だと主張しても意味のないことになります。王陽明は、心を常に明鏡の状態に保っておれば、現実に流されることなく、しかも中庸を維持できると言うのです。

さらに、「心が落ち着いているときには、考えがしっかりしているように見えても、わずかなことで心が動揺するのはなぜでしょうか、どうすればよいのでしょうか」との問いに対し、王陽明は「心が動揺するのは、いたずらに心を落ち着けようという修養をするばかりで、私欲に打ち勝とうという修養をしていないからだ」と言います。「そんなことでは、いざ現実に直面すると、心は落ち着きをなくしてしまうでしょう。人はすべからく現実にぶつかって、その事柄に即して自己を磨き、自己を確立すべきである（事上磨錬）」と言います。こうすれば事に当たって、心が「静にも定まり、動にも定まる」（程明道の言葉）ことになり、どのような状況にも自在に対応する姿勢を作れると言います。現実の問題に当たって修養しなければ結局、修養も十分にできないのです（巻上　23）。

弟子の陸澄が、『論語』憲問篇でいう「下学《かがく》して上達《じょうたつ》する」の「上達」するにはどういう修養をすればよいのですか、と質問をしました。王陽明は「後儒（朱子）は人に教えるのにわずかでも高度で細かいこととなると、『程度の高い上達を学ぶにはまだ早いので、当面は下学を教えよう』と言います。これは学問を上達と下学の二つに分けようとするものです。目で見、耳で聞き、口で言い、心で思うのはすべて下学です。目に見えず、耳で聞こえず、口では話せず、心で思うことのできないのが上達です。木を栽培溉漑するのは下学であり、枝が伸び葉が茂るのは上達です。上達は先生に教えてもらってできるものではありません。したがって、修養ができるのは下学であり、話して教えることができるのも下学です。聖人が説くものも、いくら高度で精密でもみな下学です。勉強をしようとする者は下学から努力すれば自然と上達に到ることになります。だから、上達を別のものとして考える必要はありません」と答えました（巻上 24）。「上達」とは、『論語』に「天を怨みず、人を尤《とが》めず、下学して上達す。我を知るものは天か」とあり、人格的に高い水準に達することであり、『論語』においても身近な学問（下学）を行なうことで高遠な境地（上達）に入るものとしていました。

王陽明は、学問には下学も上達もなく、むしろ人にわかるようなものは孔子の言葉でもすべて下学であると言い放ちます。朱子の言うように、レベルの低い学問から始めて、水準の高い勉強をすればより高い境地に入れるとする考えを排除します。むしろ、下学（仕事の上での勉強）こそが勉強であって、上達は教えられるものではなく、自然と学ぶことができるものだということを強調するのです。人欲を廃し、天理に従えば自ずから良知の作用によって上達に至ることができる、とするが王陽明の基本です。下学を卑近な身の回りのことから学ぶと考えれば、これも「事上磨錬」の考えになるのでしょう。事に当たって勉強していけば自ずから上達に入ってゆくのです。実際、大学を出て仕事に就いても、その仕事の中で仕事を通じて勉強していくことが最も身に付くことです。

陽明学の重要なキーワードである「事上磨錬」は、このように、「まずは自分の与えられている勉強、仕事を一生懸命やりなさい」ということが教えとなります。あらかじめあれこれ悩むのではなく、常に周りの人々を照らすことができるように、実践の中で自らを磨いていきなさいというのが王陽明流なのです。下学を一生懸命やることが上達であり、先を焦って上達を望むことはやめなさいという。

ただ、「皆の嫌がることでも、またレベルの低いことでも率先垂範で嫌がらずに努力しなさい」という日本で常に指摘される道徳的な教えとは若干違うように思えます。まず最初に、明鏡で大事なことは周りを照らすことであり、「究盡無し」は良知を追求することに限界はないことを認識することです。そして、常なる「人欲の排除」が事上磨錬であり、行ないが自分を磨くことなのです。そして、それは積極的に我慢することではなく、『論語』で言うように、「知るものは好むものにしかず、好むものは楽しむものにしかず」で、行ない（実践）を楽しむことができれば自然と自己を磨けるのです。

ただ、下学を「つまらないことでも我慢して勉強する」と理解するのは間違いです。下学を目に見え、耳に聞こえ、口で言うことができ、心に思える学問であると言っているので、学問は実感としてわかるものから行なうべきで、形而上学的直観でしかとらえられないものから入らないようにという注意なのです。むしろ、具体的に自らが「構想できる」ものを実践してゆくことが、上達への道だという意味でしょう。何かの技術を習得するのに初歩から着実に行なうことは当然のことですが、「上達するには初歩をしっかりやりなさい」ではなく、「初歩を実践することが、上達になる」ということだと思います。自らの人欲さえ排除されておれば、自らの良知にしたがって、実践を楽しむことで「事上磨錬」になるのだと思います。

また、王陽明は「省察は是《こ》れ事有る時の存養、存養は是れ事無き時の省察なり」（巻上37）と話します。朱子は静時の修養としての存養と動時の修養としての省察を分けて示しているのに対して、修養に静時も動時も無く、ただ人欲を排し、天理を求める修養を行なうべきだと言っています。省察は「よくものを見る」ということであり、存養は「心を養う」ことです。そこで、朱子の言うように「『事』に臨んでは十分に注意して観察を行ないなさい、そしてその上で行なうべき事を決めなさい。一方『事』が無いときには、心を落ち着けて勉強して心を鍛えなさい」という忠告になりましょう。王陽明はこれを分けることの無意味さを説き、「事」に臨んで天理を十分に意において実践することは、それ自体、自分の心を鍛えていることであり、「事」がなくて勉強に励むことも天理を実践していることだという理解が適当でないかと思います。「事上磨錬」はこの意味で省察であり、存養なのです。

弟子の陸澄が、陸象山の「人の情意や事物の動きに即して修養すべきだ」とする説について質問したとき、王陽明は「人の情意や事物の動きを除いてしまったら世に『事』は無くなるでしょう。（『中庸』に言う）喜怒哀楽はもちろん人の情意である。視聴言動《していげんどう》、富貴貧賤《ふうきひんせん》、患難死生もすべて事物の動きです。しかもこれら事物の動きは人の情意と裏腹の関係にあります。したがって、修養の要点は、ただ（『中庸』の言うところの）「中和」を実現することにあります。『中和』を実現するには（『大学』や『中庸』で言う）『慎独（独りを慎む）』にある」と答えます（巻上 38）。

人の情意や事物の動きといった日常の雑事に即して修養するのが、「事上磨錬」であることを指摘します。この「事上磨錬」に当たっても常に天理に従う姿勢が必要になります。仕事をするにも、また学問においても、人の情意や事物の動きを雑事と考えず、また、他人事としないことが求められます。

経済学を勉強して鋭い経済分析をすれば、世間ではその人を「上達」した人と見てくれることでしょう。しかし、簡単に勉強して上達できるわけではありません。私は経済学の勉強がつまらないと思ったことは一度もありません。経済学を勉強しないで鋭い経済分析を行なえるはずはありません。私の場合、大蔵省に入って仕事に就いた当初は雑用ばかりさせられて、つまらないと思っていました。役所は極めて人が少なく、係には係長と一年生の二人しかいないため、あらゆる雑務（コピーを取る、印刷をする、書類を運ぶ等）は一年生の仕事になります。このような雑用は仕事が深夜に及ぶので、夜食の注文、先輩たちの水割り作りまでしました。このような雑用は一年生の時だけだからと先輩から言われ、それも一理とは思っていました。しかし、このような仕事をすることが磨錬になるとは思えませんでした。

これは役所の上下関係でやむをえないのですが、問題はそこで何を勉強するかです。私は最初、証券局に入りましたので、仕事外に資産選択や金融論のアメリカの大学院クラスのテキストを読んでいました。すなわち、つまらないことでも一生懸命やるというのではなく、常に、経済学ではどういうように考えるかを軸に仕事をしてきました。そうしているうちに、経済もよく見えてきましたし、仕事も面白くなってきました。社会の仕組みもよく分かるようになりました。たとえば税務調査で企業の中の中まで知るようになり、金融検査官の仕事を通じて、銀行の中の中まで知ることになります。また、主計局で予算編成に参画しましたので政治と行政の関係も知ることができました。こうして仕事の上で勉強してきたことは、今日の私の血となり肉となっていると思います。私が通常の経済学者では知らないことを多く知りえたのも大蔵省で特にやりたくもなく、得意でもないことを一生懸命やってきたからだと思っています。これが現在の研究活動に大きな意味を持っているのは言うまでもありません。

私の学生にも基本的な勉強を嫌う学生がいましたが、経済学を勉強するのにもデータを整理したり、過去の研究をまとめて整理しておくような「下働き」ができなければ研究者になれません。地味な仕事を積み上げているうちに、理論の展開をするためのアイデアに気づくことになるのです。現実の社会は複雑系なので、実際のデータ処理や下働きを行なわなければわからないことが少なくありません。

ただ、新入の若い社員に、体を使うだけの仕事を長期間にわたって強制するのはどうかと思います。長期雇用を前提とする日本企業では、したくない仕事を上から順番に下に流すのが常です。このため、下の者はじっと我慢して下働きをしながら順番を待つのが「事上磨錬」だというような見方をする者がいますが、私は反対です。能力のある人でもあまりにも長期間、下働きをさせると、往々にしてその間に頭が働かなくなってしまいます。現在の企業では、使う人の能力を最大限に発揮できるように仕事を設計しなければなりません。今日の企業が閉塞感に陥り、展望が開けないのも、若い人に判断業務を与えないからです。

世間では「人に言われたことをきっちりしておればよい。考えるのはそれからだ」ということをよく言いますが、それはこの部分の解釈として間違えているように思います。そこでは、人欲を排し、良知に従うことで下学を行なうべき、となるのです。すなわち、自分ならどうするかを考える際、「人欲によっていないか、良知に従っているか」を自問自答しながら実践することが重要であると思います。

２　偏見を持たずに勉強を

王嘉秀という弟子が「仏家では『生死を離脱する』ことで人を誘って仏門に入れ、仙家（道教）は『不老長寿』をもって人を誘います。それは人々に善くないことをさせようとしているわけではありません。それぞれの道を極めれば聖人と同じ境地に到達できるでしょう。しかしながら、それは道に入る『正路』ではありません。たとえば現在、役人として仕えるにも、科挙試験によるもの、地方からの推挙によるもの、有力者の推薦によるものなどがありますが、それぞれ高官になったとしても、後者は官途につくための正路ではないので、君子はそれによらないのと同じことです。道家も仏家も極めれば儒学者と同じとしても、それは『上一截』(高い境地)についていえるだけで、『下一截』(低い境地、たとえば行儀作法や五倫の実践)の修養をしていないので、結局は聖人の学には及びません。とはいえ高い境地にあることには間違いないので、それを悪く言うわけにはいきません。むしろ、後生の儒学者(朱子学)は聖人よりも低い境地のものを学ぶだけで、議論を細分化し、かえって真実を失っています。そして、記誦(記憶暗唱)、詞章(作詞作文)、功利(事功利益)、訓詁(字義解釈)ばかりになり、ついには異端となることを免れませんでした。この四つは学者が一生努力しても、心身共にいささかも得るところがありません。だから、道家・仏家が心清く欲を少なくして世の煩わしいことに超然としているのに比べても及ばないように思います。よって、学問に志す者は、仏家・道家を最初から排除することなく、当面は志を篤くして聖人の学問を学ぶべきでしょう。聖人の学問が明らかになっていけば、自ずから仏家・道家は滅びるでしょう。そうでなければ、我々の学んでいるところに従うことを彼らは潔《いさぎよ》しとしないでしょう。しかも反対に彼らをこちらへ従わせようとするのは難しいことになります。先生はどうお考えになりますか」と問います。

これに対して、王陽明は「君の議論はおおむねそれでよい。ただ高い境地と低い境地があるというのは人々の偏見によるものです。いま、聖人の最も中正な道は何かと言えば、高い境地と低い境地を一貫したものです。境地に上下はありません。『一陰一陽』を道と言います。仁者はこれを仁と言い、智者はこれを智と言います。普通の人は日々にこの道を用いていながら、気がつきません。それ故、正しい君子の道を得る人は少ないのです。仁も智も道と言わざるをえません。ただ、君のように偏見を持てば弊害になります」と答えます（巻上 50）。

この議論の中心にあるのは『易経』の繫辞伝の一文です。「一陰一陽之を道と謂《い》う」として、「これを継ぐものは善なり、これを成すものは性なり。仁者はこれを見てこれを仁と謂い、智者はこれを見てこれを智と謂い、百姓は日に用いて知らず。故に君子の道は鮮《すく》なし。これを仁に顕わし、これを用に蔵し、万物を鼓して聖人と憂いを同じくせず。盛徳大業至れるかな。富有これを大業と謂い、日新これを盛徳と謂う」と言っています。すなわち、陰陽の無窮の変化をなすのが道であって、道の働きを引き継ぐ努力が善で、これが完成されれば性となります。これが仁であり、智なのです。一般の人にはこれが分からないので君子になる人は少ないのです。これが人徳となって現れても、その効用は内蔵され、万物を鼓舞して生育させるも全く無為無心であり、聖人と同じではありません。道は徳を盛んにして、大きな仕業を行なうことです。そして、豊かであるのはこの大業であり、日々新たまるのは盛徳なのです。

弟子が、仏家・道家でも高い境地に入れば同じでも、本来の儒学は「下一截」を勉強して「上一截」に至ることで優れているとするのに対し、王陽明は上下の考えを否定します。それの説明に、易経の「一陰一陽之謂道」を使っています。万物は一体として混沌としているものであり、上下の偏見を持つべきでないと批判します。

3　事上磨錬と修養

陽明学の基本の一つが「事上磨錬」です。要するに現実の仕事の場において修養することを主張するのが陽明学なのです。王陽明は「事上磨錬」について、周道通という弟子からの手紙に答えています。道通は「事上磨錬するとは、一日の内に『事あると事なき』にかかわらず、ただ一心に修養することだと思います。しかし、もし、事に当たって感じておれば、既になんらかの知覚が働いているのだから、全く事がないとはいえません。しかじかであると分かるものです。このときは常に事無しとして心を尽くすのみですが、とはいっても事に処してうまく行くときと、うまく行かないときがあるのはどうしてでしょう。また、多くの事に出あうとこれを処理するのが難しくなり、才能の足らないことを嘆き、精神が衰弱することを感じます。このようなときには退いて十分休養せざるを得ません。むしろ、仕事を中断して、修養に励むべきではないでしょうか」といった問いかけを行ないました。これに対して王陽明は、仕事を休んで修養するというような発想は間違いであると主張します（巻中　道通4）。ここで、「事上磨錬」が示されます。日本社会では、修養はむしろ仏教の教えと理解されています。道元が中国に修養に行ったときに、その寺では食事の仕事ばかりをさせられたので、「早く修養をさせてほしい」と言うと、「君はもうすでに修養している」と言われたという道元の『典座教訓』にある話は、この事上磨錬に通じる話です。禅宗などでは「作務《さむ》」と称して、実際の仕事をすることによる修養を重視します。仏教でも毎日の仕事自体が修養です。日本では、ともかく仕事をしっかりすることが大事だという教訓が常に語られます。

ただ、王陽明は、既に心にある良知を発揮することが基本であり、「事上磨錬」は仕事と修養とは別のものでないということを強調するのです。一般によく言われる我慢して仕事をするのではなく、「事」があろうとなかろうと同じ心で対処すべきであり、先に述べたように「明鏡」を磨いてさえおけば、「事」に当たって自由自在に対処できるのです。「事があるかないか」で勉強の態度を変えないことが大切だ、というのは人生の教訓でしょう。私自身も大蔵省に入って経済学の勉強をずいぶんしましたが、それは、大蔵省での仕事や出世とはまったく無関係なものでした。多くの友人もなぜそんなに勉強するのかといぶかっていましたが、私は経済学を勉強することで社会を変えることができるという考えをもっていました。

「事上磨錬」は、「知行合一」の所でも話したような「行」による「知」の深化という考えにも適用できます。先に述べたように、我々が入手できる「知」は教科書や学校で得られる知識ですが、そのような「知」だけでは分からないことが多くあります。それゆえ陽明学では「行」による知を大事にすることになります。それは「事」に当たらなければ分からない問題があることに注目するからです。

また、別のところにも「事上磨錬」に関して、王陽明と弟子の有名な対話があります。これは弟子の陸澄との対話ですが、彼が役所に泊まり込みで勤務しているときに、家から子供が危篤であるとの知らせが届きます。それで、陸澄は動揺しますが、このとき王陽明は「こういうときこそ修養の成果を用いよ。ここで動揺するようでは、不断の講学が何の役に立つのか」と厳しいことを言います。そして、「人は事に当たって磨かれる（磨錬）」と言います。父が子供を愛すのは「至情」であるが、それが天理にかなうのは「中和（中庸で調和がとれている）」にある時だけで、これが過ぎれば私意になると警告します。『大学』でも「正心」を得るのに「憂患」は妨げになると言っています。七情（喜怒哀懼愛悪欲）は多くても少なくてもいけないのです。父母の死に当たっても、このような悲しみに遭うくらいなら自分も死んだ方がましだと思っても、『孝経』に「父母の喪には悲しみのためにやつれることはあっても、命を無くしてはならぬ」とあるように、それは「孝」に外れるものではないのです。「天理」においては、自ずから限界があり、心の本来的なあり方を理解しさえすれば、自然とその限度を踏みはずさなくなるのです（巻上　45）。

人間の喜怒哀楽の本体は自ずから「中和」で、過不足がありません。しかし、わずかでも自分の私意が入れば、行き過ぎたり不足したりします。すなわち、これを「私」というのです（巻上　59）。儒学は「中和」を強調します。しかし、人間の自然な感情を否定するものではありません。問題は「中和」を越えることですが、「私意」を排せば自ずから「中和」になると考えるのです。

ここでいう「事上磨錬」とは、実際の事に当たっても中和の「正心」を変えず、自然に振舞えるように修養するべきことを強調するものです。我々は「事（自分の行なうべき事）」のために努力すべきでありますが、同時に、実際に「事」に当たって自分自身も磨かれることを常に念頭に置く必要があります。そうすれば、実際に「事」に当たった時にうろたえることなく、今こそ自分の修養の場所だと認識して、その事を成し遂げることができるのです。

わが国では、そのことを「文句を言う前に仕事をしろ。そうすれば多くのことがわかるようになる」という教訓の形で語られます。しかし、王陽明の言いたいことは、一生懸命働けというのではなく、厳しい状況にあっても「中和」が保たれるように修養しなさい、ということなのです。

日本の会社でのオン・ザ・ジョブ・トレーニングの重視も、「事上磨錬」の一つなのでしょう。先にも述べたように、社会を複雑系として理解することが日本社会での生き方としてきわめて重要な方法ですので、そういうオン・ザ・ジョブ・トレーニングを重視することは自然であり、当然のことです。そこで、大学を卒業した新入職員に何年も丁稚《でっち》の仕事をさせることになります。文句を言えば、「黙って仕事をしろ。それがやがて君の利益にもなる」と言われるのが落ちです。

しかしながら、王陽明の言う「事上磨錬」は、我慢して仕事に打ち込め、ということではありません。出世のために我慢するというのは王陽明が最も嫌うところです。王陽明が主張するのは、ただ「良知を発揮せよ」ということです。これは「行」と「知」との相互作用を重視することです。実際の「行動」を通じてしかわからない「中和」のあり方を学ぶことが重要なのです。現実の問題として我々は現実の実践からでないと学べないことがあまりにも多いことを十分に考える必要があります。筆者としては、現実の仕事の中で「知的」に生活することが「事上磨錬」と考えています。

このように、王陽明は「事に当たって自分を磨錬すべき」ことを主張しますが、常に「工夫」、すなわち修養すべきであるとし、しつこいほどその重要性を説いています。「格物」の章でも述べましたが、格物は「曲がった社会の世直し」であるとともに、「自分自身を真っ直ぐにする修養」でもあります。弟子の徐愛もそれまで朱子学を勉強してきたのですが、王陽明に接して、陽明の説を聞き最初は混乱しましたが、これこそ儒学の正統と感じるようになった、と告白しています。

王陽明は修養の方法として、ただ人欲を排し天理に従うことを強調するのみですが、これまで種々さまざまな古典に示された方法、例えば「格物はこれ誠意の工夫（これまで何度も出てきた格物と致知、誠意との関係）」「明善はこれ誠身の工夫（「善を明らかならざれば身に誠あらず」という『中庸』の言葉）」「究理はこれ尽性の工夫（「究理尽性をもって命に至る」という『易経』の言葉）」「道問学はこれ尊徳性の工夫（「君子は徳性を尊んで問学に道《よ》る」という『中庸』の言葉）」「博文はこれ約礼の工夫（「博く文を学び、之を約するに礼を以てす」という『論語』の言葉）」「惟《こ》れ精《せい》はこれ惟《こ》れ一《いつ》の工夫（「惟れ精惟れ一」という『書経』の言葉）」といったさまざまな儒学の勉強法もその関連がよく分かるようになり、自在に扱えるようになったといいます（「手の舞い足の踏むを覚えず」と面白い表現をしています）（巻上 14）。

弟子の陸澄が「心が静かに落ち着いているときにはよい考え方ができるように思います。しかし、わずかな「事」に会うと落ち着くことができません。どうすればよいでしょうか」と質問します。王陽明は「いたずらに静のなかで修養しているだけで、『克己』の修養をなおざりにしているからです。そのような状況で「事」に臨んだなら、傾いて倒れてしまいます。人はすべからく『事上に在って磨くべし』、そうすれば自然に心が確立してきます。こうなれば、静にいても心は定まり、動にも定まります」と「事上磨錬」を主張します（巻上 23）。

静の中で考えるのが儒学の基本です。中庸の「未発の中」を行なえば、「已発の和」になるのですから、「定静」を求めることは自然なことでしょう。しかしながら、静の中で勉学に励むことは重要ですが、これは結局、実践的ではありません。現実に直面している「事」に当たって修養すれば、「静」でも「動」でも「定」を得られるのです。「事上磨錬」は「与えられた仕事を一生懸命やりなさい」という教えのように理解されていますが、むしろ「仕事をしながら四書五経をはじめ種々の学問を勉強しなさい」という教えのように思います。実際、仕事をしながら勉強するほうが効率的で、早く理解できるものです。先にも述べたように、筆者の経験でも、勤務しながら勉強したことが学問を身に付ける最も良い方法だったと思います。仏教でも、読経や坐禅だけでなく、作務《さむ》を強調します。作務を実行しないで、読経や坐禅をしても修養にはなりません。

とは言っても、読書をしなくてよいというのではありません。「日々の修業にあっては、心が乱れて落ち着かないときには静坐をし、読書をする気にもなれないときは、さらに読書をするように努めなさい。これは病気に応じて薬を調合するようなものです」と王陽明が言うように、読書と慎独は、当然ながら、儒学の修養の基本であります（巻上 17）。

4 主一の功

弟子の陸澄が修養の方法について「主一の功」を質問します。「主一無適《むせき》」というほど朱子学の重要な修養法があります。これは「一を主とする之を敬といい、適《ゆ》く無き之を一という」（程伊川）や「一を主とするは只《た》だ是《こ》れ心専一にして、他念を以て是に雑《まじ》えず」（朱子）といったものです。そこで、陸澄は『主一の功』とは、たとえば書を読むときは、心を書物に集中し、客に応接するときは客を一心にもてなすことですか」と問います。王陽明の答えは単純で、「そんなことを言えば、『色を好む』ときには一心に色を好み、『財を好む』ときには一心に金儲けにいそしんでも『主一』なのかね」と批判します。「『主一』とは、もっぱら、自己のうちにある天理をこそ主とすることなのだ」とし、ただ努力することが偉いのではなく天理を主とすべきという心構えの重要性を説きます（巻上　15）。

すなわち、世間ではよく「一心に勉強すれば、それによって自ずから道が開ける」と言いますが、「それでは一心に色事や金儲けに集中すれば、それでよいのか」というのも極端な議論ですが、王陽明は「一」の重要性を認めながら、それを「天理」に置かなければ何にもならないことを主張します。修養するにも基本原則をどこに置くかが最も重要なことになるのです。ただ、王陽明のいう「天理」が何か分からないから勉強しているのに、「天理」に「一」にしろと言われても困ることになるわけですが、王陽明は「良知を信じて人欲を排せば天理に従うことができる」と言ってのけるわけです。

「一」に関する議論は他にもあります。孔子の言葉に「我は一以て之を貫く」（『論語』里仁篇）というのがあります。陳国英が「曾子が毎日『三省（三度反省する）』したのは切実な修養ではありますが、孔子の言う『一貫（一をもって貫く）』をまだ聞いていないときの修養だったのではないでしょうか」と聞きます。王陽明は「一貫の教えは孔子が曾子の修養を見てまだ要を得ていないのでそれを言ったのです。学問に志す人は、曾子の言う『忠恕』に立って修養をすれば『一貫』になるのです。『一』とは樹木の根のようなものであり、貫は枝や葉のようなものです。根がないのにどうして枝や葉ができるのですか。体と用の源泉は一つです。体が立たなくて用がどうして生まれるのですか。ところが朱子が集註で、『曾子は用においては既に何にでも精察し、力を入れて実行したが、まだ体が一であることを知らなかったのだ』と言っているのは、不十分な説明です」と言います（巻上 113）。

これは修養のレベルに関しての議論です。「三省」とは『論語』学而編の中にある「曾子曰く、吾《われ》日に三省す。人のために謀りて忠ならざるか。朋友と交わりて信ならざるか。習わざるを伝えるか」との言葉です。要するに、「私は毎日、三度反省します。人に忠誠でなかったか、友達に信でなかったか、勉強しなかったことを伝えなかったか」という反省です。「一貫」や「忠恕」とは『論語』里仁編で「子曰《しいわ》く、参《しん》や、吾が道一以《いつもっ》て之を貫く、と。曾子曰く、唯《い》、と。子出《しい》づ。門人問いて曰く、何の謂《いい》ぞや、と。曾子曰く、夫子の道は忠恕《ちゅうじょ》のみ」と言っていることです。前半部分は孔子と曾子の比較で三省より一貫を高く見ていることになります。後半では、これに関する朱子の解釈を批判します。朱子は、この孔子の一貫を体とし、曾子の忠恕を用として、曾子は用については完成しているのに体については完成していないと言っています。「体」の正字「體」は骨と豊から成り、これは犠牲を骨ごと切り分けたもので、形や本体をあらわしています。「用」は牧場の垣根の象形文字で、使うことになります。すなわち、一を貫くことは人の本体であり、忠恕はそれを生活に活かすことを言っています。王陽明はこの両者を分離することを批判し、一貫がなければ忠恕もないと言います。

西宮市の市会議員をやっていて五三歳で亡くなった荻田勝紀君という友人がいました。学生時代からの友人で、学問を共に語ってきた仲間でした。彼の葬儀のとき、その仲間の一員である奥村文男君（大阪国際大学教授）が弔辞を述べ、その中で荻田君が「一以貫」の人であったことを述べ、多くの人びとの涙を誘いました。荻田君などと共に第二次安保闘争による大学紛争の最中、「国家の再建と大学の正常化」をスローガンに日本学生協議会という学生団体を作っていました。その会に参加していた学生の多くが、卒業後も官僚、学者、政治家、ジャーナリストなど直接、国家の問題に関わる職業に就き、学生時代から同じ志を以て三〇年以上も続けてきました。これは「一以貫」にほかなりません。彼だけでなく、我々は「一以貫」を自負していました。他の人に何を言われようと一つの道を歩むというのが「一以貫」でした。私も「なぜそんな事をするのですか」、「何か政治的な信念があるのですか」という質問をよく受けます。それに対する私の答えは、「信念も、理論もない、ただ一以貫だけだ」というものです。「一」のために生きてきた荻田君の死に当たって改めて認識したのでした。

「一」についての議論は他にもあります。弟子の梁日孚《りょうじっぷ》が「『居敬』と『窮理』とは二つのことであるのに、先生は一つだと言われるのはどういうことですか」と質問しました。王陽明は「天地の間にはただ一つの事があるだけです。どうして二つの事があるとするのですか。もし万物の違いを議論すれば、『中庸』に『礼儀の細目は三百、威儀は三千』とあるように、物事は無数にあり、二つにとどまるものではありません。では、その『居敬』とは何か、『窮理』とは何か言ってみなさい」と返答します。梁日孚が「居敬とは存養の修養であり、窮理とは事物の理を極めることです」と言うと、「なにを存養するのか」と聞かれ、「わが心の天理を保持し養うことです」と答えます。「それでは理を極めることではないですか」と指摘されます。「では、事物の理を極めるとはどういうことか」と聞かれ、「たとえば、親に仕える場合には『孝』の理を窮めることに努め、君に仕える場合には『忠』の理を窮めることに努めることです」と答えます。すると、「その忠と孝の理は、君や親の側にあるのか、それとも自己の心のうちにあるものですか。自己の心のうちにあるのなら、心の理を窮めることにほかなりません」と、両者は同じであり「一」とは心であることを主張します（巻上118-I）。

「居敬」とは『論語』の雍也編にある「居敬而行簡」の言葉です。「敬」という字は手に革の鞭をもって迫るという「支」と「苟」の組み合わせで、後者が意味と音を示していますが、これは体を曲げた状態を意味しています。「うやまう」という意味と「つつしむ」という意味があります。ここでは、後者のつつしむの意味です。「居敬而行簡」とは、自分の身を保つためには敬をもってし、他人に対しては寛容な態度で処すという言葉です。「簡」はこせこせしないことで、寛容な態度のことです。自分は十分慎重に振舞い、相手には寛容にという君子の態度を示したものです。『論語』憲問編で、子路が孔子に君子について質問したときに、孔子は「己を修めるに敬を以てす」と答えています。すなわち、君子とは、自己の言行の修養につとめ、常に自分をつつしむ人としています。この後、子路のさらなる質問に答えて、「己を修めて以て人を安んず」と「己を修めて以て百姓を安んず」と言っています。「敬」は儒学において、まず第一に要求される姿勢です。

程伊川は「涵養には須《すべか》らく敬をもちうべく、学を進むるは則ち知を致すにあり」と言い、学問における『敬』の重要性を説いています。そして、朱子は「学者の工夫は唯だ『居敬』『窮理』の二事にあり、此の二事互いに相発す」と指摘し、この「居敬窮理」を学問する者の修養にとって重要なポイントとしていました。

そこで、「では敬とは何ですか言ってみてください」と突っこまれます。「それは主一（一を主とすること）です」、「では主一とは何か」、「読書をするときには一心に読書し、事に接したときは一心にその事に対処することです」と議論になります。王陽明は「そういうことなら、酒を飲むときには一心に酒を飲み、色事をするときには一心に色事に励むことになろう。これでは外物を追いかけるだけではないですか。居敬の修養などとどうして言えよう」と批判します。

そこで、梁日孚はこの二事（「居敬」「窮理」）と王陽明の「一」の論理との矛盾について質問したのです。「居敬」と「窮理」は朱子学において重要な修養の要件ですが、梁日孚は朱子の議論に沿って質問したわけです。程伊川や朱子にあっては内に理を存養し、外に理を極めるというのが基本ですが、王陽明にあっては、これらも格物致知の「ものをただして知を致す」

と同じで、すべてが一事なのです。だから、敬も理も結局、心の上にあり、同じであり、一であるということになります。

「主一」とは、程伊川の「いわゆる敬とは、一を主とする之を敬と謂い、いわゆる一とは、適《ゆ》く無き之を一と謂う」との言葉です。

さらに、梁日孚があらためて「主一」について質問したのに対して、王陽明は「一とは天理です。一を主とするとは、一心に天理の上にあろうとすることです。もし、『一を主とすることは心を集中することである』と『一が天理である』ことを知らなければ、何事かある時は外物を逐《お》い、事がない時は空につくことになります。事があってもなくても、一心に天理に向けて修養することです。したがって、居敬がそのまま窮理でもあるのです。窮理の専一な面について説明すれば、これを居敬と言い、居敬の精密な面を窮理というのです。しかしこれは、敬に居て、その同じ心が理を窮めるとか、理を窮めるとき、その同じ心が敬に居るというのではありません。ただ名称が違うだけで、行なう修養は一事でしかありません。『易経』で『敬によって内を直くし、義によって外を方《ただ》す』と言っているのは、敬とは事のないときの義であり、義とは事が起こった時の敬です。両者の表現は一つのことを説いたものです。だから孔子が言っている『己を修むるに敬を以てす』（『論語』憲問篇）と言うときには、さらに『義』を論じる必要はありません。孟子が『義を集《つ》む』（『孟子』公孫丑上）と言うときは、さらに『敬』を言う必要がありません。それはこの道理がわかっていれば、どのような説き方をしようと、修養はすべて同じことになるからです。もし、文面にこだわって本領を知らなければ、支離滅裂になって、修養しても空まわりするだけです」と言います。

梁日孚は「一」を狭く解釈したために、「一心」にすることが「主一」だとして、王陽明に厳しく追求されることとなります。『論語』においても「一」はすべてを包含するものですが、王陽明は「一」は「天理」と同じであると言います。

さらに、梁日孚は「『窮理』がなぜ『尽性』(性を尽くす)となるのですか」と質問します。王陽明は「心の体は性です。性即理(性はすなわち理)です。仁の理を極めるには、真に仁の心で仁を極め、義の理を極めるには、真に義の心で義を極めることが必要です。仁と義は私の本性にほかならないから、理を極めることは性を尽くすのと同じことなのです。孟子が『惻隠《そくいん》の心を充《み》たせば、仁は使い切れないほど大きなものになる』と説くのは、これが窮理の修養の方法を示しているためです」と答えます。

また、梁日孚は「程子や朱子は『一草一木すべてに理があるから、よく観察しなければならない』と言っていますが、これについてはどうお考えでしょうか」と質問します。これに対し王陽明は「私には一木一草の理を求めるような暇はありません。君はまず、何よりも自己の性情を明らかにすることに努力した方がよい。人の本性を尽くすことができて、はじめて物の性理を尽くすことができるというものです」と答えます。これを聞いて梁日孚は恐縮して悟るところがあったとします(巻上　118-Ⅱ)。

この部分は、王陽明にしては比較的わかりやすい勉強のプログラムを示しています。王陽明の議論は「人欲を排せよ、天理に従え」と言うのが多いのですが、ここではまず自らの「性情」を「尽くせ」と言っています。「『物の性』を尽くす前にまず自分から始めよ」というのは重要なことと思います。自分が「天」から何を与えられているかに気が付いたときに、また何らかの問題にぶつかった時に考えてみるべきでしょう。

5 立 志

修養をする際の基本として、「何かを目的として修養すればよい」ということがよく言われます。これに関して「立志」とは何かという質問に対する議論があります。すなわち、志を立てて（目的を定め）修養に励むのがよいという議論です。これに対して、王陽明は「念念天理の存することを要《もと》むるは、すなわちこれ立志なり（一念一念に天理が働くようにする、これが志を立てるということです）」と言います。一般に、「志を立てる」というと、試験に挑戦するとか、出世を望む意味にとられますが、そういうことは、王陽明の最も嫌うところです。王陽明は、ありとあらゆる場に天理を求めることが「立志」なのだとするのです。そういう立場からすると、通常人の考える「立志」は私欲であって、天理を求めるものではないということになるのです。

この天理を考えれば、志は自然と形成されるもので、道家の言う「聖胎を結ぶ」（腹の中に聖人がやどる）や孟子の言う「美大聖神」に当たることになります（巻上　16）。「美大聖神」とは人格が向上していく段階を表した孟子の「欲すべき、之を善と謂《い》い、諸《これ》を己に有する、之を信と謂い、充実する、之を美と謂い、充実して光輝ある、之を大と謂い、大にして之を化する、之を聖と謂い、聖にして之を知る可らざる、之を神と謂う」という言葉からきています。これは、人格が善、信、美、大、聖、神の各段階を経て向上していくことを示していくます。このような順序を踏んでいくものの、一念一念を天理におくことで心を修養し、人格を向上させていくのだと言うのです。

王陽明は、樹木を育てることを心の修養についてのアナロジーとしてよく使います。「樹木を植える人は必ず根を育てるように、徳を高めようとする者は必ず心を養うものです。樹木を大きくしようとすれば生育の初めに多すぎる枝を払います。徳を盛んにしようとする者は、学問を始めたときからその外にあるものを省かなければなりません。たとえば、人がもし詩文を好めば、精神が日々に漏出して、詩文に偏っていきます。学問以外のことに興味をもてば、すべてこのようなものです。私がここに学問を論ずるのは無から有を生ずるような修養法であって、諸君はこれを信じて志を立てなさい。学問に志す者に善を成就しようとする志が芽ばえたら、樹木を育てるのと同じように、手助けすることを忘れないようにして、ひたすら育成してゆけば、自然に日に日に成長して生気があふれ、枝葉が茂ることになります。樹木が大きくなり始めて枝が多すぎることになれば、これをつみ取ってしまわなくてはなりません。枝を省けば根や幹は太く成長することになります。初学の時もこれと全く同様です。だから、志を立てるには、一つのことに専心することが重要なのです（巻上 116）。

心の涵養を樹木の育成に喩えるのは、樹木の本体に注目して育てるということであり、余分なことを考えずに学問に専念せよというのがここの趣旨です。しかし、王陽明自身も若い頃、仏教、道教、詩文、兵学などに凝ったことがあります。もしかしたら自戒の念で言っているのかもしれません。

また、ある人が「本当の学問をしたくても、親への孝養のため、科挙の試験勉強で、とかく妨害されます」と質問したのに、「親のために科挙試験の勉強をすることが学問の妨げになるというのなら、親のために田を耕して親を養うことも学問の妨げになるということになるでしょう」と答えます。親を養うのが学問の妨げにならないように、科挙試験の受験勉強も妨げになることはないと言います。そして、「科挙の試験勉強は学問の妨げになるというより、それが本当の学問をしようという志を失なわせることになるのを心配します。学問への志が真剣でなくなるのを恐れるのです」とします。受験勉強そのものが問題というのではなく、受験勉強が自己目的化して本来の学問を忘れることになっては困るという王陽明の注意なのです。実際、大学に入ることが目的であるかのような勉強をした者は、大学に入って本来の勉強ができない場合が少なくありません。これは大学だけでなく、職場で仕事をする場合も同じで、

「志」を忘れては本末転倒になります（巻上　104）。

弟子の唐詡《とうく》の「志を立てるというのは、常に善念をもって善を行ない、悪を去るのが肝心ではないでしょうか」との質問に、王陽明は「心に善念があるということは、これは天理にほかなりません。その念が善であるなら、そのうえさらに善を考える必要がありますか。その念が悪でないのに、それ以上どんな悪を排除しようというのですか。人間の念とは木の根や芽のようなものです。志を立てるとは、この善い念を成長させることです。孔子の『心の欲するところに従って矩《のり》を踰《こ》えず』（『論語』為政篇）というのはこの志が成熟した境地のことです」と話しました（巻上　54）。これは王陽明の屁理屈のようにも見えますが、「意」を嫌う王陽明の姿勢をよく示しています。どうしても我々はすぐに何かをしなければならないと考えるのですが、何かをすることではなく、天理に従う、良知に従うことで十分だというのです。孔子が七〇歳で得た心境こそ「立志」の求める境地なのです。

また、善念が起きた時には、それを知ってその善念を充実させ、悪念が起きた時には、それを知って止めるべきです。この、知り、充実させ、また防ぎ止めるのは、すべて志のなすところであり、天の示す聡明なのです。聖人は常にこれを持っているのですが、学問に志す者は、これを保持するよう努力しなければなりません（巻上　72）。

王陽明は私意を排せと言い、志を強調します。「念」の向かうところを制御するのが「志」だと言うのです。

王陽明は「人が志を堅持するには、心配事があるときと同じようにしなければなりません。心配事がある時に、どうして無駄話をしたり、無駄事をしている暇があるのでしょうか。志ある者が無駄話をしたり、無駄なことをするはずがない」と弟子たちを諌めています(巻上72)。志は心中において常に「痛」なので、そのような時に、無駄なことをやっておれないでしょう、と皮肉っているようにも思えます。志こそ普段の磨錬であり、これは「痛」から生まれる「やむにやまれぬ心」なのです。

同時に、同じ話を弟子がすると若干違った言い方になります。薛侃が「志を維持するには、心配事があるときと同じように真剣にならなければなりません。心配事があるときに、暇つぶしの話を聞き、無駄な事に関わっている余裕はありませんね」と質問します。王陽明は「出入りに決まった時がなく、その所在《ありか》もわからないというが、これが霊妙な心の本来の姿であることを知らせたなら、修養の仕方にも落ち着きどころが得られましょう。ただ、必死になって心を守ろうとするだけなら、かえって修養中に別の弊害が起こるでしょう」と注意します(巻上96)。一心に勉強することが学問の基本であることを否定しているわけではないのですが、それに固執することもまた別の弊害を生むことを警告します。

ある学問に志す者が目の病気になりました。あまりにもそれを憂いていたので、王陽明は「目を貴んで心を卑しくしているのではないか」と言っています(巻上124)。

孟子にも同様の話があります。薬指の曲がった人が、別に痛いわけではないのに、それを直す医者を訪ねるのに「秦楚の道を遠しとせず」とするのは、指が人に劣っているのを恥と思うからですが、心が人に劣っていても恥としないのは類（朱子によれば軽重）を知らないからだと言っています。

いずれにしても、王陽明は「志」の重要性を指摘します。志は自らが目標とする「志」である場合と、人を救うことを目的とした「志」である場合とありますが、どちらにでも言えると思います。「痛み」と言うからには後者のような場合を考えるのがよいかも知れません。「万物一体の仁」から生まれる「痛」が人に行動を起こさせるのです。前者と考えれば、自分が達成しようとする目標を達成できないのが「痛」ということになりますが、やや無理があるように思います。「痛」によって心が常に追い立てられているのが「志」であり、それほどと思えないようなものは志ではないのです。

私も志を立てて勉強するのは大賛成です。何かを目標に努力することが修養を効率的にすることは間違いないでしょう。大学受験で「東大入学」を目標にして勉強するのも悪くないと思います。しかしながら、そのような目標の設定が「人欲」から発していることに大きな問題があるのです。したがって、目標を立てる場合は、常に天理を基礎において考える必要がありま す。また、貯蓄をするとき目標金額を定めるのもよいでしょう。しかしながら、定めるべき目標は、あくまで経済社会で自分が為《な》したいことです。天理に基づいて行動すれば、お金は必ずついてくるものです。それでついてこないのでしたら、来ない方がよいのではないでしょうか。

一流大学に入学することは決して悪いことではありません。しかしながら、大学入学だけを目標にして受験勉強してきた人は、やはり早く限界が来ます。多くの日本人は一流大学に合格すれば大きな既得権益が得られるというような錯覚に陥っているのです。学問を修めるために大学に入るのです。本来、学問は良い生活や出世とは何の関係もないのです。学閥という大学と企業の奇妙な関係は「日本型経営システム」という特異な経済システムに依存しており、歴史的に一過性のものにすぎません。ただ受験勉強ばかりしていた人、つまり、受験に有利な勉強しかしなかった人は本当の学問ができなくなるのです。学問のできない人は社会では役に立ちませんので、結局は成功していません。これは我々が日常的に体験していることです。本当に必要なことは「天理」を求めることで、それを志せばより広い人生が開けてきます。日常の勉強や実用目的の勉強もそれなりの効用がありますが、経済学（経済学は決して実学だけではありません）や哲学、歴史などを着実に勉強することが自分の人生をより広いものにします。是非実行してほしいものです。

6　修養の方法

弟子の一人が「某氏は涵養に努め、某氏は見識を高めることに努力している」と話すと、王陽明は「涵養だけに努めている人は毎日自分が至らない所に気がつき、見識だけを求める者は毎日自分が向上してゆくことを感じます。至らない所を感じている人は実際は向上しているのであり、向上していると感じている者はそれほどでないのですよ」と話されました（巻上117）。逆説的な話ですが、まさに考慮すべき事です。

弟子の侃が「孟子が言っている『不動心』と告子の言っている『不動心』とはどう違いますか」と聞いたのに対して、王陽明は、「告子の場合は心を固くして動かないようにすることであり、孟子の場合は心に『義を集める』ことによって自然に心の動揺がなくなることである」と言います。「心の本体は元々動かないものです。心の本体は『性』であり、『性』はすなわち『理』です。『性』はもともと動かないし、『理』も元来動くものではありません。孟子の『義を集める』ことは心の本体に帰ることになります」と言います。儒学では静座して反省し「不動心」を鍛えることが一つの重要な修養ですが、王陽明は心を動かさなければよいというのではなく、心に「義を集める」ことが「不動心」を作るのであって、単に心を動かなくさせる修養ではなく心に「義を集める」修養に専念せよと言うのです（巻上82）。

王陽明は、迷いがあるのは学問をしていないからだ、と言います。「心に天理を保持して現在の状況を直視するのが学問修行です。過去や未来のことをあれこれ思案したところで何の利益がありましょうか。いたずらに心を外に放り出すことでしかありません」と批判します。王陽明は迷うことも「人欲」だと批判しますが、過去や未来をくよくよ考えることもやはり「人欲」である、とします。心に天理を保持しておればこのような無意味なことをするはずがありません。毎日が過去の悔やみと未来の不安に駆られる凡人はよく反省すべきであると、耳の痛い忠告をしています（巻上　80）。

弟子の欧陽崇一が「私は平素から意や思いが多く、心が落ち着きません。何かやる事があればもちろんのこと、やる事がない時にも落ち着きません。どうしてでしょうか」と質問したのに対し、「天地の気の運行には、もともと一時もとどまることがありません。しかし、それらを主宰するものがあるため、これは無秩序ではなく、早すぎず遅すぎず、急ぎすぎず穏やかすぎることはありません。現象は千変万化しても、その主宰するものが一定して変わることがないためです。人はこの天地の気から生まれているので、もし、人を主宰するものが安定していたら、天体の動きと同じように、休むことなく状況に応じて変化しても、常に状況に応じて心は落ち着いておれるのです。いわゆる『天君』に当たる心が泰然としておれば、身体のあらゆる部分はその命令に従うものです。もし、主宰者たる心がなければ気が奔放に活動してしまい落ち着いていられなくなるのです」と答えます（巻上　105）。

「主宰」とは中心となって気を治める者であり、自然にあっては天であり、人間にあっては心となります。「忙」という字は、意味を示す心と発音を示す亡《ぼう》の結びついたもので、気が落ち着かない状況を示しています。日本語では仕事が多くバタバタしている状況ですが、むしろ、その結果、気が不安定になっている状況を言っています。私もあまりにも忙しくしており、心が不安定になっています。「主宰」を思い起こさねばなりません。

王陽明はまた別のところでも、栄達を求めることに対して厳しい態度を示しています。洪が「人品の高下を見ることは易しいことだ。例えば（陽明）先生の偉大さは泰山が目の前にあるようなものです。それを仰ぐことを知らないような者は目がないのだ」と言うと、王陽明は「泰山は平地の広大さには及びません。平地には目立つものが何もないではないか」と言い、高い立派な山と目立たないが広大な大地とどちらが素晴らしいかを認識させるのです。王陽明はこのように外面的な立身出世を求める姿勢に対して厳しい態度でいました（巻下 113）。

弟子の蔡希淵が「一般に、人は学ぶことによって聖人となることができる、といわれています。しかし、伯夷（紀元前三世紀頃の義士。家督を譲り合ったり、武王が殷の紂王を討って周を建国した後、それに仕えず隠遁し餓死した）や伊尹《いいん》（伝説上の人物。商殷の名宰相で、湯王を補佐して夏の桀王を亡ぼし善政を行なった）と孔子を比較すると、才能や力量に違いがあるように思います。それを同じ聖人というのはどういうことですか」と質問しました。聖人とされている人たちの中でもレベルに違いがあるので一緒にすべきではないのではないかとの疑問です。これに対して、王陽明は「聖人の聖人たる所以《ゆえん》は、その心の天理を純粋にして、人欲の混じりけのないことで、それは精錬した純金が完全な金色になっていて銅や鉛が混ざっていないようなものです。人は天理に純粋になるに至れば、まさにこれを聖と言うのです。金が十分な金の色であれば純金であるのと同じです。聖人の才能や力量に差があるのは金の重さが違うのと同じです。堯舜《ぎょうしゅん》は万鎰《いつ》（鎰は金を図る単位。両が三七グラムであり、鎰は両の二〇～二四倍、したがって万鎰は一万キログラム弱になる）の如くであり、文王や孔子は九千鎰のようなものです。禹《う》、湯《とう》、武王などは七、八千鎰のもので伯夷や伊尹《いいん》は四、五千鎰のものでしょう。

しかしながら、力量に差があっても、天理に純なるものは皆、聖人と言うべきでしょう。これは、金の重量が違っても色合いが同じなら皆純金といえるのと同じです。伯夷や伊尹を堯や孔子のなかへ交えても天理に純なるところは同じです。純金かどうかの判断の決め手はその色にあって重さではないのです。それと同様に、聖人であるかどうかは天理に純粋であるかどうかで決まることであって、才能・力量の問題ではありません。したがって、凡人でも学問をして心が天理に純になれば、また聖人になれるのです。したがって、人は皆、堯舜になれるというのはこのことなのです」と言います（巻上 100-I）。

もともと陽明学では凡人でも聖人になれるというのが基本ですので、天理に純であれば、それで良いと言うのです。学識や才能は単に人間の器の大きさにすぎません。大きいことに越したことはないが、本質ではないと言うのが陽明学の立場です。

「学問を志す者が聖人から学ぶものは人欲を去って天理に存するにすぎません。これは金を練ってその色を求めているようなものです。金が混ざりけが少なければ鍛錬の仕事も省けてやりやすい。しかし、色の度合いが低ければ鍛錬するのがだんだん難しくなります。清濁あわせあっているので、中以上の人もおれば、以下の人もいます。その道を学ぶ時、前者は生知安行あるいは学知利行となります。中以下の者は人が一するときには必ず百やる、人が十やれば千やらねばならないのは困知勉行の人なのです。しかし、それを実行すれば、その修養の成果は同一なのです。後世になると、朱子の学問では、聖人になることと天理に純粋になることが同じであることが忘れられ、知識才能によって聖人になろうとしています。聖人は知らないところがなく、できないことがない。そこで、たくさんの知識を理解してそれを得ることによって聖人になろうとするのです。天理を求めようとしないで修養しようとするので、いたずらに精力を使い果たして、本を読むことだけで研鑽して、名や物から考察し、聖人の形や足跡を真似ようとします。そうすることで広範囲の知識を得るかもしれないが、人欲はますます多くなり、天理はますます分からなくなります。まさに人々が万鎰の純金があるのを見た時に、鍛錬によって金色を出すように自らの清純を求めないで、みだりに重さばかりを求めて、万鎰と同じ重さにしようとして錫や鉛、銅や鉄をごちゃごちゃに投げ込んでいるようなもので、重さは増すが、色はますます悪くなり、最後には金があるのかないのか分からないようになります」と言います。

この錬金の喩えは他の所でも出てきます。徳章が、この聖人を精金で喩えたことについて「その重量を聖人の大きさに喩え、学問をする人の修養を金の精錬に喩えるのは大変意義深いと思います。ただ、堯舜を万鎰とし、孔子を九千鎰とするのは妥当ではないように思います」との質問に、「それは、身体的（非精神的）な面から考えているから重さの問題になるのです。精神的な見方をすれば堯舜の万鎰も多いわけではなく、孔子の九千鎰も少ないわけではありません。堯舜の万鎰は孔子のものと同質であり、孔子の九千鎰も堯舜のものと同じです。だから聖人だというのです。その純度を議論すべきであって重さを議論すべきではありません。心が天理に純である点で同じであれば、これを聖人と言うべきです。しかし、力量や気魄に関しては同じではありません。後世の儒者（朱子）は聖人の力量・気魄の大小に気をとられているため、功利的な考えに流れてしまうのです。ここで、分量を比較する心をとり除き、各人が自己の力量・気魄の限りを尽くして心が天理に純になる修養を行なえば、人はそれぞれの状況に従って、それなりに完成することになります。すなわち、力量の大きな人は大きく、小さな人は小さく、外に求めなくても、自ら充たすことができます。これこそ（『中庸』にいう）『善を明らかにし、身を誠にする』ことです。朱子は聖学の何たるかを知らずに、自分の心にある『良知良能』について体認し、拡大充実することを忘れています。それどころか、自分の知らないことを知ろうとし、できないことを行なおうとし、能力のないことを行なおうとします。ただひたすら高遠な物を求め、大なる物を慕おうとします。これは桀・紂なみの心根であることに気づかず、堯舜の事業を行なおうとしますが、できるわけがありません。このようでは、一生を平凡に生きざるを得ず、老いて死ぬまで何も成就できずに終わらざるを得ません。まことに哀れむべきです」と言います。

要するに、天理にいかに純なるかが問題であって、各々の力量・気魄といった分量に関しては人それぞれであることを強調します。こうして、本質を求めないで分量だけを求めるのは意味のないことであると厳しく注意しています。心すべきことと思います。また、自分にできることを行ない、自分にできる修養を行なうことが求められるのです（巻上 108）。

王陽明は、いつも「安排思索（勝手な考えに陥る）」を厳しく批判します。学問を行なうには本質をしっかり見分けることが重要で、知識から本質に迫ろうとしてもそれはできないだけでなく、弊害が多いと言います。そして、本質を把握できれば知識はいくらでも獲得できるというのが陽明学です。さきに述べた「夔の楽、稷の種（夔や稷は舜の大臣）」というように、器ができればそれぞれの仕事である礼楽と農業を入れ替えても立派に仕事ができると言います。実際に、私は学生にはまず哲学を勉強させていますが、これを勉強すれば学問上のことはより簡単に分かるようになります。そうかと言って、陽明学を学べば数学者になれるというわけにはいきませんが、人間と関わる場合には極めて広い汎用性を持つことになります。

7 明白簡易

王陽明の特徴は、儒学は難しいものではなく、「明白簡易」なものであると主張する点にあります。徐愛が「先生のこの比喩は、世の儒者のバラバラの迷論を打ち破るのに十分であり、後世の学問を志す人にとっても有用なものと思います」と言ったのに対し、王陽明は「自分が修養しているのは毎日『減らす』ことで、『増やす』ことではない。一分でも人欲を減らせたら、その一分だけ天理を回復できたことになります。なんと手軽でさっぱりしていて、なんと簡易なことか」と明快に答えています（巻上　100-Ⅱ）。

楊士徳が「『格物』の解釈についての先生の説は簡単で明瞭で誰にでも分かるのですが、しかし、朱子のように類なく聡明な人が、この点について分からないというのはなぜでしょう」と質問したのに対して、王陽明は「朱子は頭脳も気力も優れており、若いときから『儒学の伝統を継いで後世の者たちを啓発しよう』と志していました。そのため、ひたすら儒学の研究と著述に専念し努力してきました。しかし、もし朱子が自己自身にとって必要な真剣な修養をしていたら、当然そのような努力をする暇はなかったでしょう。もし朱子が自己自身の修行に邁進して、その学徳が高くなってから後に、世のために、昔孔子が引退後に六経を編纂した時のように、重複を削り、学ぶ者に核心のところだけを教示するのであれば、あれほど多大な研究も必要でなかったでしょう。朱子は若いときから多くの書籍を著したが、晩年になってこれを悔やんでいます。これはまさに逆さまです」と答えます。

楊士徳は「朱子の晩年の悔いとは、朱子が黄直卿に答えた手紙の中で『それまでの基準は誤っていた』と言い、（呂子約に答えた手紙の中で）『書物を読んでも自己の内面に何の利益があろうか疑問だ』と言い、また（何叔京に答えた手紙の中で）『わが心の修養には、書籍の内容を墨守し言葉の意味に拘泥してきたことも何ら関係がない』と言っていることなどを指し、朱子はこの時点で初めて従前の努力の誤りを悔い、今後、自己自身にとって真剣な修養をしようとしたことなのでしょうか」と自らの考えを質します。王陽明は「その通り。それが朱子の優れたところです。朱子は極めて力量が大きいので、一度後悔すると、すぐに方針を転ずることができました。しかし、惜しいことにまもなく死んでしまったので、それまでの多くの誤りは訂正できないままに終わったのです」と自説を強調します（巻上 101）。

朱子学では「格物」を「物に至りて」と読ませ、その意味は「究理」（理を究める）であるとしたのですが、王陽明は「心」をその基本においているので、「明白簡易」ということになるわけです。朱子学が「往を継いで来を開く」ことを目的にしたというのが批判点です。すなわち、学問を自己目的化していることへの批判です。朱子はそのことを自覚し晩年には後悔していたと王陽明は言うのですが、それは王陽明の推察であって、朱子自身の発言による確実なものではないようです。確かに、完全な理解をしない内に、多くの著作を書くことがよいかどうかは疑問があるところです。孔子のように自分の哲学が完成してから著作をすべきというのももっともと思います。しかし、研究して著作を行なうことを仕事としている人間として、研究成果を出版することはやむを得ないのかもしれません。

私の学生時代、市村眞一先生は学生の私たちに向かって、「私は吉田松陰先生のやってこられたことを一つでもやりたい」とおっしゃっていました。私はそれを聞いて非常に感動したものでした。一つ一つ私欲を減らすことは、まさに先人に学び、実践してゆくことでしょう。「易にして簡なるもの」というのは陽明学の特徴を言い表したものですが、王陽明らしい実にすばらしい発想だと思います。これはすなわち、「人欲を減らすことがなぜ難しいのだ、楽しいと思わないのか」ということにほかなりません。まさにその通りです。実践しましょう。

8　動と静

現実の修養方法に関しての議論があります。一般に、毎日の修養は、心が乱れれば静座し、書を読んで分からなければもっと書を読めと言います。しかしながら、王陽明はそれに固執することには反対します。薬の使い方にも順法（心が乱れれば静座する）と逆法（本が分からなければもっと読め）があるように、修養している状況に応じて臨機応変に対応すべきと言います。これは修養する上で重要なことです。

勉強で頭が混乱してくれば、まずは「静座」が必要でしょうが、場合によっては多くの本を読んでより広い見方ができるようになることも必要です（巻上　17）。

陸澄が「人が心を静かに安らかにしているときを、『中庸』でいう『未発の中』と考えてよろしいでしょうか」との質問に、王陽明が「気が落ち着いているだけでは『未発の中』とはいえません」と答えると、陸澄が「それが直ちに『未発の中』でなくとも、その『中』を求める修養にはならないですか」と問い直します。これに対して王陽明は「人欲を去って天理に従うのであれば、それも修養になるでしょう。心静かなときも一念一念に人欲を去り天理を存し、動にあっても一念一念に人欲を去り天理に従うのであればよく、静か動かにはこだわらない方がよい。もし寧静《ねいせい》であることだけを基準とすれば、静を喜び、動を厭うという弊害が生じてきます。そうなれば結局、人欲による病気が潜伏してこれを除くことができません。この状態で何かの事件にあえば、その病気はさらに大きくなってしまいます。なによりも天理に従うことを主とすれば、自然に寧静になります。寧静を主とすれば必ずしも天理に従うことにはなりません」と注意します（巻上　29）。

そして、「『未発の中』は通常の人の誰しもに備わっているわけではありません。もともと本体と作用は一体なので、『未発の中』の本体があればこそ『未発の中』の作用もあります。すなわち『未発の中』があればこそ、『発してみな節に中るところの和』もあるのです。現今の人が、心が発動しても必ずしも節度に中る和のないのは、『未発の中』そのものが完全なものになっていないからなのです」（巻上　46）。

「未発の中」とは『中庸』に書かれている儒学では重要な心境で、心が寂然不動で何事にも応じ得る状態を意味しています。すなわち、意が心の中にあり未だ行動となって表面に出ていないから「未発」であり、それが中、すなわち、中庸になっている状態を意味しています。これに対して、これが表面に出たときは「已発《いはつ》」となり、ここでは「和」が求められます。「未発の中」と「已発の和」は儒学の修養の目標になります。

そして、儒学、特に朱子学では「静座」を重んじていますので、四書五経を勉強し、自らを反省することが基本的な修養になります。そこで、寧静が重要な心境となって「未発の中」になります。しかし、王陽明はこのような形の「未発の中」に反対し、さらに行動を重視しますので「動」を厭うことに反対します。そして、「静」か「動」かはどちらでもよく、問題は「人欲を排して天理に従っている」かどうかだけを問題にすることになります。

9　固執を排す

学問の方法論に関して王陽明と弟子の議論が続きます。先生は言います。「人にどう学ぶべきかを教える場合、ある特定の勉強法にとらわれてはいけません。初学の時期には心意が動きやすく『心猿意馬』ですので、あまり縛って定めてはいけません。初学者の考えることは人欲でしかないのです。したがって、静座して考えを落ち着かせるように教え、しばらくそうさせて心と意が定まるのを待つのです。ただ、ここで頭を空っぽにして静かにするだけで『槁木死灰《こうぼくしかい》（体は枯れ木のように、心は灰のようになった状態、道家ではプラスの用語ですが、ここではマイナスの意味）』となっては意味がありません。必ず『省察克治《せいさつこくち》（反省させて自らの欲望を克服させる）』させることです。省察克治の修養は時間をおいてはいけません。盗賊を追い払うように排除しなければなりません。色を好み、財貨を好み、名声を好むなどの『私欲』を一つ一つ追求して探し出し、同じことが二度と起こらないようにその病根を引き抜いて初めて快癒したといえます。だから猫がネズミを捕るように、常に目を一つにして見、耳を一つにして聞いて、わずかに（私欲の）念が動いたらこれに打ち勝って取り去り、『斬釘截鐵《ざんていせってつ》（断固たる態度）』で、その方便を認めてはいけません。隠れさせたり、逃がしてはいけません。これが『真実の修養』です。こうして、私欲を排除して克服すべき欲が無くなれば、自ずから『端《たん》拱《きょう》（聖人が天下を治めているような無為である状況）』の時が来ます。『何思何慮《かしかりょ》（何をか思い、何をかおもんぱかる。易教にある言葉で無念無想になること）』は初学の時にできることではありません。初学者は必ず『省察克治』に努めなければなりません。これが（孟子の言う）『誠を思う』ことに他なりません。こうしてただ一つの天理を思い、天理の純粋なところに行きついたら、それが『何思何慮』の境地であると言えます」（巻上　40）。

勉強のやり方について、こうも言っています。勉強する時には友人と一緒に勉強することが望ましいのですが、その時に注意すべきことは固執しないことです。「お互いに謙《へりくだ》って議論すれば益が多いが、自分が勉強したことを主張してお互いに尊大になれば、失うばかりですよ」と注意しています（巻上　18）。

孟源という弟子は、自分の意見に固執し、名誉を好む悪い癖があるので、王陽明は常に諫《いさ》めていました。ある日、一人の朋輩が日常の修養の方法に関して王陽明に指導を求めたところ、孟源が「私が昔考えたことと同じことを尋ねている」と言いました。王陽明は「また君の悪い病気が出てきた」と戒め、「これは君の最大の病気だから病根を絶たなければならない。一丈平方の狭いところに大きな樹木を植えれば、雨の恵みや土地の滋養もみなその樹木に吸い取られ、そこに穀類を植えても育ちません。穀物を栽培するには、木を切って根をすべて取らねばならない」と厳しいことを言います（巻上 19）。

孟源のように少し勉強するとその知識を人にひけらかしたがる人がよくあるものです。そして、勉強したその理論に固執する人が少なくありません。ただ、そのようなことをするのは勉強した水準が低いからです。もともとどんな理論でもどこかに欠点があり、間違っている可能性があるのです。カール・ポッパーという科学哲学者は「可謬性（間違う可能性）があるから科学的な理論である」と言います。「私は○○主義だ」などと無邪気に言う人もいますが、それはその分野の勉強を十分にしていないだけでなく、その○○主義も十分に理解していないのです。

ただ、議論することは理解を深めるためには大いに必要です。そして、議論をするからには十分な柔軟性を持つことが要請されます。単に、固執するための議論は意味のないことなので、やめておいた方がよいと思います。しかしながら、日本人の場合、「言っても仕方がない」から議論をしないという人が多いのも困りものです。天理を追求するための論争と、名誉や地位を求めるための議論とは全く違うことを認識しなければなりません。要は学問に対する姿勢の問題です。学問を栄達の手段と考えると大きな過ちとなります。

このような論争に関連して、学問の混乱について議論しています。陸澄が「後世にたくさんの本が出てきましたが、これは聖賢の正しい学問を乱すことになりませんか」と質問したのに対して、王陽明は、「人心は天理渾然《こんぜん》たり（人の心には本来、天理が渾然と具わっている）」とした上で、聖学はこれを「（肖像画が）真を写し、神を伝ふる」ように、それの大まかな形を伝えているにすぎないことを指摘します。つまり聖賢の言葉は、これによって真理を追求させるにすぎないと言います。したがって、生き生きとした精神や意気、言笑や動作のすべてを伝えることはできないのです。ところが後世の学（朱子の学問）は聖人の描いたものをそのまま模倣して書き写すのみか、それに自分の勝手な解釈を加え、テクニックばかりを加えるので、ますます真理から遠ざかっていると批判します（巻上　20）。

これは、なかなか面白い話であり、また学問をするものにとって耳の痛い話です。王陽明の議論は「心学」的な要素があるので、その言葉一つ一つを論理的に考えるよりその全体の一貫した姿勢をよく考える必要があり、その姿勢を貫くことで、多くの議論を統一的に考えることの重要さを指摘しているのです。どんな分野でも書籍を読みこなし多くのことを勉強することはそれなりにできるのですが、これを一つの体系として理解し、自分のものとして消化することは容易ではありません。学問をして「手の舞い足の踏む所を知らず」となれば、まさに学問を習得したと言えるでしょうが、そこまではなかなか行かないのです。「天理」を「主」として日々、会社での勤務や勉強にいそしめば、聖人の考えは自ずから心の中に育ってくるのです。これは王陽明を学ぶ場合の基本的な勉強法のように思います。勉強している対象が問題なのではなく、その心の修養が重要というのは、まったくそのとおりだと思いますが、そこが難しいのです。

王陽明が「孔子、孟子が言っていることも真理そのものではなく、真理を追求する手段である」としている点も面白い話です。また、後世の者が「勝手な解釈」を追加しているにすぎない、との批判を重く受けとめ、心して勉強すべきと思います。

王陽明は学問の到達点に関して次のように言っています。「義理（道理）は定まったものではなく、また、究明し尽くせるものでもありません。あなたが私と議論して少し得るものがあったとしても、そこに止まってしまってはいけません。繰り返して言うが、一〇年、二〇年、五〇年勉強を続けても同じところに止まることはありえません。また、聖人とは堯舜のようなものですが、堯・舜の行なった以上に善は無限にあります。同じように、悪人とは桀・紂ですが、それ以上の悪もあります。もし桀・紂が死ななければ、その悪はどこまでも行なわれたに違いない。もし、善に限りがあるのであれば、孟子が『文王は道を望みながらこれをいまだ見ていない』と言うでしょうか」と、学問は尽きることがないので永久に追求しなさいと言います（巻上 22）。

当時、朱子学を勉強して科挙試験に合格することが若者の目的でしたが、王陽明はここでそれを厳しく批判しているのでしょう。儒学は古の明徳を明らかにすることを目的としています。堯舜はその点における最高水準を示すものですが、陽明学では堯舜以上に明徳を明らかにすべきであり道理の追求は永遠であるとの議論をしています。この点、一般の儒学とやや印象が違いますが、王陽明らしい発言だと思います。ともかく、一般の学者（勉強しようとする者）が勉強し尽くすことはあり得ないことを強調しているのです。

王陽明は「諸君は最近、質問が少ないがどうしたのですか。人は勉強しないでいると、自分は学問の仕方がわかっているから、そのやり方でやっていけばよい、と誰しも思ってしまうものです。ところが実際は、私欲が日々に生じ、それは地上に塵が積もってゆくようなもので、掃除をしなければまたいっそう積もってしまいます。道を追求するのに終わりはありません。探れば探るほど深くなって行くのが修養です。米が精白されるように徹底糾明し、一点の疑問も残さないように努めなければなりません」（巻上　65）。ともかく勉強せよというのです。毎日の真剣な修養が重要というのは王陽明の口癖です。少しの塵でもそのままにしておくと、いずれ大変なことになるというのは経験するところです。一点の疑問も残さないように、と言うのは王陽明の徹底性の追求です。

10　古典を素直に読む

王陽明は事上磨錬といっても書を読むことを軽視しているわけでなく、「経」・「史」の読み方に関して独特の見解を示しています。弟子の徐愛が文中子（五八四〜六一八年、自らを聖人に擬したとして批判があります。『中説』等が残っています。唐の名臣を育てたことで有名です）・韓退之（七六八～八二四年。唐の思想家・文学者。文章家として有名で、唐宋八大家の一人）に関して質問をしました。王陽明は「退之は文章家として優れているだけです。文中子は偉い儒学者です。後世の人たちはただ文章が優れているということで退之を尊敬するが、文中子にはとても及びません」と答えます。徐愛はさらに「ではどうして文中子は経書を模擬するなどといった失策をしたのでしょうか」。王陽明は、「経書を模擬することは、必ずしも全部をダメだとすべきではありません。後世の儒学者が自らの説を著述するのと経書を模擬するのと、どう違うと思うのか、君の意見を言ってみたまえ」と問いつめます。徐愛は、「後世の儒学者が著述を行なう場合、自らの名声を求めようとの意図がないわけではないが、本意は道を明らかにすることにあります。これに対し経書を模擬するのは名声を得たいがためでしかありません」とします。王陽明は、「著述によって道を明らかにしようとする場合、一体何を模範にするのですか」と問い返します。徐愛は「孔子は六経（易経・書経・詩経・礼記・楽経・春秋）の不要部分を削除し再編集して道を明らかにしました。これに倣います」と答えます。王陽明は「それなら経書を模擬するというのは、孔子のやり方に倣うことではないのですか」と追及します。徐愛は「著述の場合は、道についての新しい見解を付け加えるというメリットがありますが、経書を模擬する場合は、ただ従来の見解をなぞるだけです。おそらくは道を明らかにする点で何の役にも立たないでしょう」と弁明します。王陽明は「それなら、君が道を明らかにするという場合、それは根本の淳朴なところにたち返りそれを事実の上に明らかにすることと考えるのですか、それとも、言辞を飾っていたずらに世間に派手に宣伝することだと考えるのですか。思うに、天下の大きな混乱は内容のない文章がまかり通って、実行が廃れることから起きてくるのです。もし道が天下に明らかであったなら、孔子が六経を述べる必要はなかったはずです。孔子が六経を編纂したのは、道が明らかでないため、やむを得ず行なったことなのです。すなわち、『易』について言えば、伏羲《ふぎ》が卦を作ってから、文王や周公に至るまで、易といえば連山・帰蔵（古い易）のような雑然としたものがいくらあったか分かりません。易は大きく乱れていました。孔子は天下の文章を好む風潮が盛んになる中で、易の諸説のうちどれが正しいのか、判断基準さえなくなりかけているのを見て、そこで文王・周公の説を採ってこれを編纂し、これこそが易の本道であるとしたのでしょう。これによって雑然とした易の諸説も廃れて、天下の易も一つにまとまったのです。

『書』『詩』『礼』『楽』『春秋』もみなそうです。『書経』の謨（書経の始めの書）、『詩経』の二南（周南・召南のこと）が成立して以降、九邱八索（古代にあった書物）のように、荒唐無稽な書物が幾千百篇にもなるかもしれません。礼楽に関する制度の煩雑なことも際限がないありさまであったが、孔子がこれらをみな削って編纂し直したので、その後、それらの諸説は廃れました。しかも孔子は本来の『書』『詩』『礼』『楽』に自説の一言も加えてはいないのです。いまの『礼記』の諸篇は、いずれも後世の儒者が作ったもので、孔子が手をかけたものではありません。『春秋』は孔子の編と言われていますが、実際は魯の国史（孔子の生まれた国の歴史）の古い記録にほかなりません。孔子は『春秋』を筆削したとされるが、「篇した」というのは、その記録を筆写したことを、また「削る」とは、その煩雑なところを削除したことであって、減らすことはあっても増やすことはしていません。孔子が六経を編述したのも、煩雑な文章が天下を乱すとしてこれを簡単にしようとしたが、できなかったので文章を少なくし、その実を求めたのです。決して文飾を教えたわけではありません。春秋時代以降になると、過多な文飾がますます盛行し天下はますます乱れました。

（秦の）始皇帝が書を焼いたことが罪とされたが、これは、その行為が私心から出たのと、（焼くべきではない）六経まで焼いてしまったから批判されるのです。もし当時、始皇帝が道を明らかにしようとの志を持ち、経典に背き道理にもとる説だけを焼いたのであれば、孔子が削述した意図と変わらないことになります。

秦漢以降、文は日に日に盛んになり、これをすべて取り除こうとしても、とうていできなくなりました。そこで、規範を孔子に求めて、是と思われるものだけを記録して世に広めれば、そのほかの邪説は自ずから廃れていったことでしょう。文中子が当時、経書をどういう意図で摸したのかよくわからないが、私はその行為自体を十分に評価します。この点に関していま『聖人が再び出現したとしても変わることのない』（『孟子』勝文公下）ものです。そもそも天下が治まらない原因は文が盛んになって実が衰え、人々は自分の意見を出して、新しさや奇抜さを誇り、世俗を眩まして名誉を求め、いたずらに世の中の視聴を乱し、衆人の耳目を塞いでしまう。その結果、天下の人びとはみな争って文辞を飾り立て、世に知られんことを求めただけです。根本に力を注いだり、真実を尊び素朴に立ち返って行なうという、人間本来の在り方には目が向かないのです。これらの悪弊はすべて著述を行なった者がもたらしたのです」と王陽明は主張します（巻上　11-Ⅰ）。

弟子の徐愛は「しかし著述というのが必要な場合もあるでしょう。例えば、『春秋』にしても、左氏の伝（左丘明の作とされる春秋の注釈文）がなければ、その内容を理解できないでしょう」と反論します。しかし、王陽明は「春伝がなければ『春秋』の内容がわからないというなら、『春秋』の経文はまるで伏せ字を当てる謎解きと同じであるわけです。孔子は何を苦しんでそんな難解不明の文章を作ったのでしょうか。左氏の伝のほとんどは魯史の旧文（古い元の文章）です。『春秋』が左氏の伝によってはじめて明らかになったというのであれば、どうして孔子がその部分を削除したりなどしなければならなかったのか」と批判します。すると、徐愛は「程伊川（儒学者）が『伝は案であり、経（春秋）は判断である』と言っているように、もし『春秋』の経文に『ある君主を殺した』とか『ある国を伐った』とあっても左氏の伝によって背景の事実を確かめなければ、事の是非は判断できないのではないでしょうか」と反論します。

王陽明は「その程伊川の言葉は昔からの儒学者の議論に沿ったもので、孔子が経典を作った本意に添うものではありません。例えば『君主を殺した』と書いてあれば、それだけで罪であることは明瞭ですから、それ以上詳しく言う必要はありません。また『ある国を伐った』と書けば、それは（服従しない国を伐つのは天子の大権によるものである以上）天子でない国が他の国を伐ったことを意味し、それだけで罪であり、これを詳しくを問う必要はありません。

孔子が六経をまとめたのは、人心を正すためであり、天理を存し人欲を去ることを求めたからです。孔子は天理を存し人欲を排することについては、かつて人に説明したことがありますが、それは人の質問に答える形で、それぞれの能力に応じて答えただけで、自分から多くを語ってはおりません。それは人々がこの課題の解答をもっぱら言葉の上に求めることを恐れたからです。だから、孔子自身、『私は何も言いたくない』と言っているほどです。ましてや、人欲をほしいままにし、天理を滅ぼした事例などを、どうして細かく話す必要があるでしょうか。そんなことをすれば、世の乱れを助長し、悪事を奨励することになります。それ故に『孟子』に『孔子の門下では（覇者である）斉の桓公や晋の文公の事蹟を語るものがいないため、これらは今の世に伝わっていない』と言っていますが、これが孔子一門の方法でした。ところが、後世の儒学者はひたすら覇者の学問を研究しているので、多くの陰謀や計略を知ろうとしたのです。これは功利の心情によるものであって、孔子が経典を作った意図とは全く反対のものです。これでどうして孔子の意思が伝わるのでしょうか」と歴史書が覇者を扱うことを批判します。さらに「こういうことは天徳に達した者でなければ、容易にはわかってもらえないでしょう」と嘆じて言います。

さらに、「孔子が『私は昔の史官が不明な所は何も書かないで残しておいた意味がわかるようになった』と言い、孟子も『〈書経〉の記述をことごとく信じるくらいなら、〈書経〉はない方がましだ。私は〈書経〉の武成編においては二、三の冊（当時は竹の札）を取るのみです』と言っています。孔子が『書経』を削って、堯・舜から夏に至る四、五百年間の記事として残したのは、わずか数編にすぎません。これ以外に言うべきことがなかったわけではないが、孔子が述べたのはこれだけでした。これによって孔子の意図を知るべきです。孔子は煩雑な文を削ることに骨折り、後世の儒家は反対に付け加えることに努力したのです」と王陽明は述べます（巻上　11-Ⅱ）。

この部分は王陽明の考えをよく示しています。王陽明は、儒学のテキストに関しては「舊本《きゅうほん》」を基本とします。朱子の生み出した新儒学が本来の儒学を曲げてしまったと考えるからです。ここでの議論の対象は文中子と韓退之ですが、後者を朱子、前者を自分に当てているようにも思えます。すなわち、韓退之の文章は立派でもそれは議論を混乱させ、世を乱れさせるものとします。しかし、文中子に対しては彼が行なった実を重視する姿勢を評価しています。儒学は中国の歴史の中で伝えられてきた礼楽の記録を孔子が整理したものであり、すべての真理がそこにあるというのが儒学の思想なのです。それを私意で書き換えたから世がおかしくなったのだというのが王陽明の主張です。それ故、陽明学では古典は素直に読むべきであるということになります。なお、王陽明は文中子に関しては特別に思い入れがあったようで、文中子が若くして死んでいることを残念がっています。

さらに、徐愛は「孔子が経典を作られたのは、人欲を去って天理が存在することを示すためでした。そこからは五覇（覇道を行なった王侯）のことは詳細に示すこともなかったのでしょう。しかしながら、なぜ堯舜以前の話がないのでしょうか」と質問します。王陽明は「それ以前の伏羲《ふぎ》・黄帝の時代は事蹟が少なく特に伝えるものがなく、世は充実していて淳朴であった。これは太古の治世であって現在では考えられないものである」と答えます。徐愛は「しかし、『三墳』（伏羲・神農・黄帝の書）などの書も伝わっていたというのに、孔子はどうしてそれをも削除したのでしょうか」と詰め寄ります。王陽明は「たとえ伝えるものがあっても、世の移り変わりにつれて時代に合わなくなるものです。世が開けて文化や飾りが増えてきて、周の末頃になると、夏や商の風俗に戻そうとしても戻せるものではありません。まして堯舜や伏羲・黄帝の世に戻すことなどとてもできません。しかしながら、治世は異なっても道は同じであるから、孔子は堯・舜に関しては本源的なものとして記述し、文王・武王についてはこれを後世の模範にしようとしました。ただ政治はそれぞれの時代に対処して行なわれるものだから、具体的な政策は時代ごとに異なることになります。だから、夏・殷の政治を行なおうとしても時代的に合いません。それ故、周公は三王（禹・湯・文武）の政治を兼ね行なおうとしたものの、それが現実に合わないときには、天を仰ぎ昼夜にわたって思い悩んだのです。ましてや太古の政治をどうして行なうことができましょうか。ただ、時代に応じて政治を行なうといっても、三王の本来の道に基づかないで功利を求めると、覇者以下の事業となるでしょう。後世の儒者（朱子など）が繰り返し研究してきたことは、この覇者の術を研究してきたにすぎない」と言います（巻上　11-Ⅲ）。

そして、「堯舜以前の政治は、後世に復活させることができないのだから、省略してもよいのです。また、三代（夏・殷・周）以降の政治も後世の手本とならないので削ってもかまわない。ただ、三代の政治だけを模範にすればよい。しかし、三代を議論しても、その根本が分からず、末節ばかりを論じていては、これを復活することはできない」と注意します（巻上12）。

また、『春秋』とそれ以外の経書について次のように言っています。徐愛が「朱子が六経を論ずるに当たって、『春秋』を歴史の書であるとしています。そうだとすれば他の五経とは性格が異なることになりませんか」と質問します。

王陽明が答えます。「事実を記しているという点では史といえるし、道を明らかにするという点では経であります。経典に記してある事はそのまま道であり、道は事蹟にほかならないのだから、『春秋』は経であるし、五経もまた史であります。『易経』は伏羲氏の史であり、『書経』は堯舜以降の史であり、『礼』『楽』は夏・殷・周三代の史なのです。『春秋』と五経は、歴史である点でも道である点でも同じです。どこが違うのでしょうか」（巻上　13）。

面白い問答です。史と経を分けることに反対し、事と道が同じであるのだから、両者を区別する必要はないとします。これは王陽明の歴史観でもあり、古の明徳が事実であることを強調するものでしょう。

周の武王についての王陽明の評価はやや低いようです。弟子の陸澄が「孔子は、武王について、『善を尽くすという点で不十分だ』（『論語』八佾篇）と言っていますが、これは孔子の意に満たないところがあるからでしょうか」と質問しました。王陽明は「武王については、多分そうでしょう」と言います。さらに、澄が「文王（武王の父親）が生きていたらどうなったでしょうか」と尋ねると、「文王は在世中、すでに天下の三分の二を支配下においていたのだから、もし武王が殷を討伐したときまで文王が生きているとしたら、兵を起こすことなく残りの三分の一も文王に帰属していたでしょう。そして文王は紂を上手に扱って、悪事をさせないようにしたでしょう」と答えます（巻上 52）。武王のように武力を使わずとも、紂を抑えることができたというのです。

ここでは、王陽明は、政治と理想は時代に合わなければ役に立たないと言い、本来の政治の本源を探求しなければならないと言います。

また、王陽明も朱子と同様に『大学』を重視していますが、『孟子』や『中庸』もよく引用します。澄が『大学』と『中庸』の異同を質問したのに対して、王陽明は「子思は『大学』の意義をまとめて『中庸』の首章とした」と言い、『大学』と『中庸』は同じであるとします

（巻上　43）。

澄が「勉強してもなかなか知識が進みません。どうすればよいのでしょうか」と尋ねると、王陽明は「学問には根源があり、根源の上に立って修養し、窪みに徐々に水が満つように順を追って勉強を進めるべきです。神仙家がこの様子を嬰児に喩えているが、適切なものです。嬰児が母親の体にあるときには『純気（肉体だけの状況）』にあり、知覚や意識はありません。胎内から出てはじめて泣き出し、次に笑うことができます。そして、父母兄弟を見覚えるようになります。それから立つことができ、歩くこと、物を持つこと、背負うことができるようになり、ついには世の中のことは何でもできるようになります。これは精気が日々充実して筋力が強くなり、日増しに知恵も発達するからです。それらの能力を生まれてすぐに得ようとしても、それは無理です。ものには根源があります。聖人が『天地に位し万物を育てる』（『中庸』）境地に達するのも、『未発の中』（同上）つまり心を、喜怒哀楽が発しない『中』状態におくことから修養して、そこに至ったのです。後儒（朱子など）は『格物』の本当の意味が分からないため、聖人が何でも知っており、できないことが何もないのを見習おうとして最初からすべてを研究し尽くそうとしますが、それは無理というものです」と言います。さらに、「志を立て、修養に努めるのは樹木を育てるようなものです。根や芽の時には幹はなく、幹ができても枝はない。やがて枝が出て葉がつき、葉があってはじめて実がなることになります。だから、初めに種をまく時には、土を寄せ水をやるだけでよく、枝や葉や花や実のことを考える必要はありません。まだ実在しないもののことをあれこれ考えても何の益もありません」として水をやる努力を忘れなければ枝・葉・花・実がつかないことを心配する必要はありません」と勉強は焦るものではない、着実に育てていくことが重要であることを示します（巻上 31）。

ここで王陽明は「勉強は徐々に進めよ」と言っていますが、他のところでは「心に照らせばすぐ分かる、そのための良知は誰にでも既に備わっている」と言います。すなわち、「人欲を排せば分からないものはない」と言うのです。ここでの論と少し矛盾するようですが、ここでは実践論として読めばよいと思います。すなわち、「勉強すれば徐々に人欲が排される」との考えでしょう。

王陽明が弟子に「学問をするには、まず根本のところを修得することが大切で、それができれば修養は落ち着きどころが出てきます。たとえ、一時、横に流されることがあっても、船に舵があるように、一度、根本的なところが思い起こされれば目が覚めることになります。もし、そうでなければ、学問をしても、この見かけの『義』ばかりを取ろうとすることになります。それでは、実行しても事は明らかにならず、勉強しても解明できません。それは、大本達道(『中庸』に『中なる者は、天下の大本なり。和なる者は、天下の達道なり』とあり、根本を捉えて道に達していること）からはずれているからです。この根本を修得すれば、どんな説き方をしても、よく通じるものです。しかし、ある場合には通じても他の場合には通じないようでは、まだ根本のところが分かっていないのです」と勉強の仕方を示します。「根本を勉強するように」と言うのは王陽明の口癖です（巻上　103）。

また、陸澄は「本を読んでも分からない」とこぼします。王陽明は「それは字句の意味だけを考えようとしているから分からないのです。そのような方法を採るのであれば、むしろ朱子と同じようなことをやっているにすぎません。それならたくさん読めばよいことになります。しかし、そうやっていろいろのことに通暁したところで、一生のための身についたものにはなりません。すべては心の上で修養すべきです。理解できず実行できない問題は、自己の心にたち返り心の上で考えれば自然に通じてくるものです。四書五経も、この心の本来的なあり方を説いているにすぎません。この心の本来的なあり方とはいわゆる道心であり、これが明らかになれば道理も分かるようになります。心と四書五経は同じものであり、これが学問をする場合のポイントです」と教えます（巻上　32）。

自分の心に引き当てて考えると書物に書いてあることが分かるというのは重要なことです。これは科学でも同じで、数学のようなものでも分かるようになります。すなわち、王陽明流に考えれば、「良知」に照らして書物を読めという教えになります。

11　己私難克

人欲を排して天理に従うとなると、「自分に打ち勝つ」ことが求められることになります。

王陽明は「事上磨錬」として、実際の生活の中で実践を通じて自らを磨き、「致良知」を実現せよと言いますが、この実践は自分に打ち勝つことであり、それ自身が難しいのです。「己私難克」に関して弟子との間でのおもしろい議論があります。

弟子の蕭恵《しょうけい》が「自分に打ち勝ち（克己）たいのですが、なかなかできません。どうしたらよろしいでしょうか」と尋ねました。王陽明は「あなたの己私を持ってきなさい。君に代わって打ち勝ってあげるから」と突拍子もない答えを出します。その意味が分からないで蕭恵が沈黙していると、王陽明は「人は自分のためにする（自己の向上を志す）心があるから、自分に打ち勝つことができます。自分に打ち勝つことができてこそ自己を完成させることができるのです」と言います。蕭恵は「私も自分を向上させたいという心があるのに、なぜ自分に打ち勝てないのでしょうか」と言います。そこで、王陽明は「では君のいう自己向上の心とはどういうものですか」と問いながら、「君は良い人になりたいと一心に思っています。それは自分を向上させるためですね。しかしながら、これは単に身体としての自分のためで、真の自分のためではないのです」と言います。王陽明はさらに「真の自分と身体とどうして切り離せるのですか。君のいう自分とは耳目口鼻四肢のことなのですか」と言いますと、蕭恵は「まさにその通りです。目は美しい色を求め、耳は美しい声を求め、口は美味を求め、四肢は安楽を求めているので、自分に打ち勝てないのだ」と反省します（巻上 123-Ⅰ）。

蕭恵は、要するに自分が欲に打ち勝てないのは、自分の身体が求める快楽に耽っているからだというのです。ここでのポイントは、「自分」というのは即「身体」であるのかどうかという議論です。人間には美しいものを見たり聞いたり、おいしいものを食べたいといった身体的欲求があり、こうした欲求に打ち勝つことが自分に打ち勝つことだというのはごく一般的な常識です。

ところが王陽明は、まず、「この自分とは何か」を問うことで己私難克の本質を引き出そうとします。すなわち、王陽明は蕭恵の言うような「身体と自己を分離する」ことに反対します。「老子が言っているように、美しい色は人の目を暗まし、美しい声は人の耳を不自由にし、美味は人の口を麻痺させ、馬車を走らせたり狩をすれば人の心は狂ってしまいます。これらはすべて君の耳目口鼻四肢を害うもので、それらを向上させるものではありません。もし本当に耳目口鼻四肢のためにしようと思うなら、耳目口鼻四肢はそれぞれどのように働くかを考えなさい」と言います。欲望を満たすような美色、美声、美味は五感を狂わせてしまうのに、そのような五感のためにならないことばかりを求めているのですねと、矛盾を指摘します。ここで、論語の一節「礼にあらざれば見ることなかれ、礼にあらざれば聴くことなかれ、礼にあらざれば言うことなかれ、礼にあらざれば動くことなかれ」（『論語』顔淵篇）を持ち出して、これを実行することが耳目口鼻四肢のためにすることであると言います（巻上 123-Ⅰ）。

そもそもこの話は、顔淵が孔子に「仁」とは何かを問うたときに、孔子が「己に克ちて礼に復《かえ》るを仁となす」と答えたことによります。そして、「一日己に克ちて礼に復《かえ》れば、天下仁に帰す。仁を為《な》すは己によりて、人によらんや」と言っています。つまり自分に打ち勝ち、礼を実行すれば、社会はすべて「仁」に従うことになる、社会に「仁」を実現するのは自分であって他の人でないという考えです。「仁」を天下に実現する基本を示しており、これこそ陽明学の原点なのです。

自己に打ち勝てないという蕭恵に対して、「君は名声や利益を得ようとして身体の外にあるものを追求しているのです。このようでは、礼にはずれた視聴言動を行なわないようにしようとしても耳目口鼻四肢はそれができません。これを動かしているのは君の心なのです。心は性であり、天理です。性は生命を生み出して、仁となります。性の生理が耳目口鼻四肢を発揮させて、天理が実現します。身体は心によって動かされているのだから心の本体は天理であって、礼に反することはありません。これが真の自己なのです。真に身体のためにするとしても、常に真の自己の本体（心）を維持して、人が見ていないところでも戒め慎み、人が聴いていないところでも道にはずれたことをしていないかを恐れ、ただ心の本体を毀損しないかを恐れるべきです」と戒めます。「ほんのわずかでも礼にはずれたものが萌したときには、刀で切られたときや針で刺されたときのように、直ちに刀を払い、針を抜くべし。これこそ『己れの為にする（自己を向上させようとする）』ことであり、己れに勝つことなのです。それでも君は、自分を向上させたいという心がありながら、自分に打ち勝てないと言うのですか」と厳しく指導します（巻上　123-Ⅱ）。

身体の主宰者である心から人欲を排除し、天理に従わなければ、自分に打ち勝つことはできないとして、凡人が行なっている「心を伴わない形式的な修養」を批判します。

陽明学の道徳的側面を強く印象付ける文章で、まさに『論語』のいう非礼な（礼にかなっていない）視聴言動を行なわないことが、天下に「仁」を実現する方法であることを強調するものです。ここで言う「礼」は日本人にはわかりにくい概念ですが、要するに「正しい行ない」と考えてよいと思います。我々の毎日の生活が修養であり、礼にはずれたことを行なわない慎重な生活が天下に仁を実現することであり、これは誰にでも実行できることなのです。それ故、この実践が「天子より庶人にいたるまで」（『大学』第二節）万人に求められるのです。毎日の小さなことの積み上げを実践して行くという陽明学の基本を実行したいものです。

「精神、道徳、言動というものは、もともとは自己の内に収斂させるもので、発散させるのはやむを得ない場合だけです。天・地・人・物もすべて同様で、内実に蓄え、外に誇示するものではない」と言います（巻上　55）。王陽明は常に、名声や富を求めるべきではないとし、そのためには常に修養して自らの実を積むことを求め、名声を求めるために精神、道徳、言動を無駄使いしてはならないと警告するわけです。そうして内実を充実していった結果、外に発することがあるとしても、それは例外にすぎないのです。大学で教え、社会へ発言することを生業としている筆者としては耳の痛い話です。よく世間で「陰徳」と言いますが、どこまで陰徳を施すことができるかがその人物の大きさを示すものでしょう。実際、精神・道徳・言動を収斂できない人は、本当に必要な時に発揮できないのでしょう。西郷隆盛の言うように、本当に必要な発散のために「夭折とは年とって死ぬことなり」という収斂が必要になるのです。また逆に、本物の発散は長い厳しい収斂の結果なのです。

黄正之が質問します。「『中庸』に『君子は其の睹《み》ざる所を戒慎し、其の聞かざる所を恐懼《きょうく》す』とありますが、その『戒《かい》・懼《く》』とは、自分には見えない、聞こえない場合を慮って修養することで、同じく『故に君子は其の独を慎む』とある『慎独《しんどく》』とは、他人は知らず、自分だけが知っているときの修養であるという説はどうでしょうか」。これに対し王陽明は、「修養はただ一つあるのみです。事のない時は、もちろん『独り知る』の境地であるが、事が起きているときも、『独り知る』ことに変わりません。だから、人がもし、この『独り知る』の場においてこそ修養しなければならないことを知らないで、他人も共に知る場においてのみ修養しようとするなら、それは作為であり、結局偽りとなります。このような人は君子を見て恥じて、自分を隠そうとします。この『独り知る』の境地こそ『誠』の芽生えるところであり、ここでは善念であれ悪念であれ、まったく偽りがありません。一つ正しければ全てが正しく、一つ誤れば百誤るというふうで、まさにここが、王道と覇道、義と利、誠と利、善と悪の分かれ目になるのです。だから、ここに正しく定立すれば、根本を正して、源が清澄になるように、「誠」が立つことになります。優れた古人が行なった身を誠にする修養の「精神命脈」全体がここにあります。これは、人から見られることはなく、明らかになることもない『独り知る』という場ですが、その結果が人に知られること、これほど明らかなものはありません。時や場所を選ばず、終始を問わず、不断に務めなければならないのはこの修養なのです。今、もし『戒・懼』を『慎独』と分けて、『戒・懼』は『独り知る』時にのみ行なうものとすると、修養は支離滅裂になり、継続性のないものになります。既に、戒懼しているという以上、自身はそれを認識しているはずなのに、その自覚がないとすれば誰が戒懼するのでしょうか。このような考え方は仏門の断滅禅定（「種性を断滅し、坐禅入定す」の略）しようとするものです」と答えます。

黄正之はさらに「善念・悪念を問わず、虚偽がないのなら、『独り知る』の境地では無念の状態というのはないのですか」と質問します。これに対して、王陽明は「戒懼することは念うことです。戒懼の念はどのようなときでも止めてはいけないものです。もし、戒懼の心が少しでも中絶するとすれば、それはすでに暗愚になったか、すでに悪念に陥っているかです。朝から晩まで、若い時から老年まで、もし無念無想になることだけを求めてやまないなら、それはただ昏睡しているのと同じであり、槁木死灰（枯れ木に灰）の人生になってしまいます」と言います（巻上　121）。

儒学における重要な修養方法は、経書を読むことに加えて、心を落ち着けて反省することです。それが「戒慎・恐懼」と「慎独」となるわけですが、この両者はどう違うのかを、ここで論争しています。『中庸』には「君子はその見ざる所に戒慎し、その聞かざる所に恐懼す」との言葉があります。この文章の前には、「道なるものは、須臾《しゅゆ》も離るべからざるなり。離るべきは道に非ざるなり」とあります。人間は一時といえども道から離れてはならない、それ故、君子は自分に見えない所、聞こえない場合をも慮って戒め慎しみ、恐れ慎しむのだ、との意味です。一方、その後に続いて、「君子はその独を慎むなり」と述べています。この前には「隠れたるより見《あら》はるるはなく、微《かす》かなるより顕《あきら》かなるはなし」とあります。すなわち、隠したことでも人の前には見え、微かと思っていても直ぐに明らかになるという意味で、「君子は我が身を慎むものである」という教えです。また、『大学』にも「意を誠にする」ものとして「独り慎む」ことが求められます。したがって、「戎慎・恐懼」と「慎独」に違いがあるのは当然ですが、この議論は、自己の意識の違いにその根拠を求めるものです。しかし王陽明は『大学』の中の次の文章を論拠にして、この議論を否定します。「小人閑居しては、不善をなすこと至らざる所なし。君子を見て、しかる後厭然としてその不善をおおいてその善をあらわさんとす。人の己を見ることは、その肺肝を見るが如く然《しか》れば、すなわち何ぞ益あらん。これを内に誠なれば、外にあらわるるという。故に君子は必ずその独を慎むなり」。これは誠意の必要性を説くものです。

弟子の澄が「(『大学』でいうように)知に至ってはじめて『誠意』を議論することになります。しかるに、天理人欲のことを十分に知らないで、どうして『克己』の修養ができるのでしょうか」と質問したのに対して、王陽明は「人はもし真剣に、自己に切実な修養をやめなければ、心にある天理もよく見えてくるし、私欲の詳細な部分も日に日によくわかるようになります。もし、克己の修養をしなければ、終日、無駄話をするだけで、天理も私欲もついに見つからないことになります。

それは道路を走るのと同じです。一区間を走ればその区間のことはよくわかるし、別れ道にきてわからなければ誰かに聞けばよいでしょう。聞いてまた走る、というようにすれば、目的地に至ることができましょう。

しかしながら、今、人が既に知り得た天理を保持しようともせず、既に知っている人欲を去る努力もしなければ、ひたすら知り尽くし得ないことを憂え、ひたすら無用の研究を行なって、何の益もありません。克服すべき私欲をすべてなくしてから、すべてを知り得ないことを憂いても遅くはありません」と言います（巻上 66）。しかも、「自分に勝つためには、必ず心を掃き清め、一点のゴミ、すなわち私欲を残さないことです。わずかでもそれが残っていると、それに引き寄せられるように諸々の悪がやってきます」と、一点の私欲もあってはいけないと厳しく言います（巻上 61）。

右は、『大学』では「致知」の次に「誠意」なので、天理・人欲を知らない者が克己という誠意を勉強できるのかという質問です。しかし王陽明は、克己が先で、それから知識を習得しても遅くない、と文字による勉強よりも天理に従い人欲を排除する修養の重要性を指摘します。

ここで重要なのは、天理はすでに心にあるとしていることです。ですから、人欲を排しさえすれば、天理を知らない人でも目的を達成できると主張しています。順序よく勉強することは重要ですが、本質を忘れてはいけない、むしろ、本質に関わる問題を解決すれば勉強の目的は自ずから達成されるというのが陽明学なのです。実際、この指摘は当たっていると思います。勉強して試験にパスしたい、論文を書いて大学に就職しようと思っている時は、せっかく勉強したものが分かっていないのです。多くの若い人々がそうなるのはやむをえない面があるのですが、その関門を抜けて、本来の形で勉強するようになって初めて分かるようになります。王陽明の言うように、この順序を逆にすればもっとよく分かるようになります。

12 志を持って修養を

弟子の薛侃が「天理を心の内に涵養することに専心して事物の理の研究をおろそかにしていると、人欲を天理と誤認することになりかねません。これをどうしたらよいでしょうか」と質問します。王陽明は「人はまず学問とは何かを知らなければなりません。物の理を研究することはそのまま心の涵養にほかなりません。物の理を研究しないのは涵養の意志が切実でないからです」と言います。薛侃は「では、学を知るとはどういうことですか」と聞きます。すると、「では、何のために学び、何を学ぼうとしているのか言ってごらん」と言われ、薛侃は「学問とは天理を保持することを学ぶことです。心の本体は天理でありますから、天理を体認するにはただ私意をなくせばよい、と前に先生から伺いました」と答えます。「それならば私意を完全に克服して心中から立ち去らせればよいのであって、天理と人欲の区別が明らかでないのを心配する必要はないでしょう」との王陽明の突っ込みに対して「その私意なるものが実際にどのようなものか、わかりにくいのです」と答えます。「それは全て修養の志がまだ切実でないからです。志が切実なら、目で見て耳で聞くことはすべて天理に集中するのだから、私意の実態がわからないなどということは、あり得ません。孟子の言うように『ものの是非を判断する心は、誰しも持っています。この心を外に求めるべきではありません』。それ故、物の理の研究も、自分の心で見たものをわが身に引き当てるだけのことです。心の外の何物かを見るということではありません」と言います（巻上　97）。

儒学では、まず四書五経を勉強することが重要ですが、同時に「浩然の気」や「慎独」といった心の涵養を強調します。陽明学はどちらかと言えば後者を強調しているように見えます。しかし、王陽明は心の涵養と事物の理の研究を区別しないようにと言うのです。そして、「人欲を排して天理に従えばそれでよい」というのですが、それにとどまらず、「志」を強調して、それに対して「切実」であることを求めます。単に、修養するのではなく、「切」に修養することが重要なのです。

同じようなことが次の節にもあります。王陽明が同席していた友人に「最近の修養はどうか」と尋ねました。その友人が「虚明（心を虚にして天理を明らかにする）」について述べました。王陽明はこれを「それは情景を説明しているにすぎない」と言います。もう一人の友人が「過去と現在の自分の変化」を述べると、「それは修養の効験であって、修養そのものではない」と言います。二人の友人は呆然として、「では何が正しい修養なのか」と聞きます。王陽明は「自分が現在、修養していることは、善を為さんとの心を真切（真実に切実）にしたいということだけです。この心が切実なら『善を見ればたちまち遷《うつ》りて、過ちがあれば、たちまち改める』（『易経』）から、これこそ真切な修養です。こうすれば人欲も日々に消え、天理は日々に明らかになります。ただ天理の状景を求め、効験を説くだけでは、かえって心を外部に走らせることになり、正しい修養といえません」と言って、形だけの修養をして満足することを戒めます（巻上　98）。常に「真切」に「修養」せよというのはなかなか疲れることですが、重要なことです。

13　王陽明の教育法

弟子の徐愛にとっては「先生の道は、これにつけば易きがごとくにして、これを仰げばいよいよ高く、これをみれば粗なるがごとくにして、これを探ればいよいよ精《くわ》しく、これに就《つ》けば近きがごとくにして、これにいたればいよいよますます窮まりのないことを見るだけです。十余年来、ついに未だその藩籬（垣根）をも窺うことができません」（巻上　序）と、平易のようで一層高く、粗いようでよく見ればますます精密であり、近付きやすそうで、ますます極めることが難しい、一〇年以上勉強しているが、その垣根の部分もつかめていません、と告白します。

同様の話が『論語』子罕篇にもあります。顔子（顔回とも呼ばれています）の「喟然《きぜん》の一嘆」というのがそれです。

「これを仰げばいよいよ高く、これを鑽《き》ればいよいよ堅し。これを瞻《み》れば前にあり、忽焉《こつえん》として後《しりえ》にあり。夫子《ふうし》循循然《じゅんじゅんぜん》として善《よ》く人を誘《いざな》う。我を博むるに文《ぶん》をもってし、我を約するに礼をもってす。罷《や》めんと欲するも能《あた》わず。既に吾が才をつくせり。立つところありて卓爾《たくじ》たるが如し。これに従わんと欲すると雖《いえど》も、由未《よしな》きのみ」との言葉で、顔子が孔子とはどういう人物であるかを述べているところです。

同じく『論語』公冶長篇に、孔子が子貢に「君と顔子とどちらが優れているか」と質問したところがあります。これに関して弟子の黄誠甫が質問しました。王陽明は「子貢はよく勉強して学識があり、外のものを見聞きすることに努力したのに対して、顔子は心の修養に努めました。孔子は右のことを質問することによって、そのことを子貢に悟らせようとしたのです。しかし、子貢の答えは知識見解のことだけにとどまったので、孔子はがっかりしたのでした。孔子は子貢の考えを認めたわけではありません」と答えました（巻上 114）。

右の孔子の問いに対して、子貢は「回（顔回のこと）でしょう。回は一を聞きて十を知るのに、賜（子貢のこと）は一を聞きて二を知るのみです」と答えました。これに対して孔子は「吾れと汝は顔回に及ばない」と話しています。王陽明は、子貢が言うように知識の量で顔回に及ばないのではなく、顔回は心の面で子貢に勝っていることを言いたかったわけです。「君（子貢）だけではなく自分も顔回に及ばないのだ」と言っていることで、子貢の論点は違っているという解釈なのです。すなわち、知識の面では子貢や顔回がいくら頑張っても孔子には勝てないのですから、孔子が顔回に負けているというのであれば、心の面で子貢はとても及ばないわけであり、そのことを子貢に悟らせたかったのです。

子貢と顔子は共に孔子の弟子ですが、性質は対照的です。子貢は学識・弁舌に優れた秀才であったのに対し、顔子は人格の面での逸材であり、孔子はその点で顔子を大切にしていたのです。顔子が死んだとき、孔子は悲しんで慟哭《どうこく》し、「夫《か》の人のために慟する非ずして、誰がためにかせん」と、その悲しみを述べています。

そして、孔子は「顔子は怒りを他人に向けることがなく、同じ過ちを二度としなかった」と言ったが、これは「未発の中」があって初めてできることです（巻上　115）。これは魯の哀公が「どの弟子がもっとも学問を好んでいますか」と質問したのに対して、孔子が顔子のことを評した言葉です。それに続いて、孔子は「未だ学を好むものを聞かざるなり」と言って最高の賞賛を与えています。

このような弟子と先生の関係に関して論争があります。陸澄が「先生は、顔子が亡くなってから後は、聖学は滅びたと言われますが、私はそうは思いません。子思や孟子もいるではないですか」と質問したのに対して、王陽明は「孔子の示した聖学の全体を見ていたのは顔子だけです。それは顔子の言った『喟然《きぜん》の一嘆』を見れば分かることです。孔子は弟子の学力に応じ、その個人に合ったように順次教えてゆき、弟子を良い方向に導いていきました。視野を広めるには学問をさせ、身を律するには礼をもってさせたというのは、まさに孔子の考えをよく表しています。この『博文約礼』がどうして『善く人を導く』ことになるのか、学問をする者はその点をとくと考えなければなりません。道の全体を伝えるのは聖人でもなかなか難しいことであり、学問を志す者自身で修養し、自分で悟らなければなりません。しかし、顔子が『孔子についていきたいと思っても、その方法がない』と言っているのは、孟子の言う『文王も道を望んだが、見るに至らなかった』と同じ意味です。すなわち、顔子はその本質を見抜いていたのです。それ故、私は顔子が亡くなって以後、聖学の正統派は絶えてしまった、と言うのです」と言います（巻上　78）。

要するに、「孔子の人格は、近寄って仰げば仰ぐほど高く、きり込めばきり込むほど堅い。その行動は、前におられたかと思えば、ふいにまた後ろにおられるというように自由自在です。弟子を教えるのに、秩序立った方法で巧みに誘導して前へ進ませてくださる。文化・教養によって私の視野をひろめてくださる一方で、礼に則った人間の在り方と実践法を教え導いてくださいました。私は、こういう孔子の学問の魅力にとりつかれてやめられません」という話です。これは顔子がいかに孔子を尊敬し、理解していたかを示す文章です。顔子は孔子の一番弟子で非常に寵愛されたことで有名です。王陽明も子思や孟子を否定している訳ではないのですが、孔子を最も理解していたのは顔子であって、顔子が死んで本当の孔子の後継者が亡くなったと嘆いたのです。王陽明自身もこのようでありたいと考えたでしょう。師弟の面で見ると、徐愛が王陽明を見ていた姿と顔子が孔子を見ていた姿には同様のものがあります。

王陽明の自分の弟子に対する教育法の中に面白い議論があります。ある日、弟子の王汝止《おうじょし》が町に遊びに行って帰ってきた時に、先生が「何か見てきたか」と問いました。すると、「町中の人がすべて聖人に見えました」と答えます。すると王陽明は「町の人は君のことを聖人と見ていたよ」と言います。別の日、弟子の董羅石《とうらせき》が町に出て帰ると、「今日は町で変わったことを見ました。町の人がすべて聖人に見えました」と先生に告げました。すると、王陽明は「それは普通のことではないですか、何も珍しがることはない」と答えられました。汝止は学問がまだそれほど進んでいないのに対して、羅石は悟るところがあったから、王陽明は個々人それぞれに応じた指摘をして考えを反省させることで、より理解を進めさせるようにしたという逸話です（巻下113）。

王陽明は、すべての人が良知を持っており、したがって「万人が聖人」であるという立場にあります。修養のレベルの低い王汝止には、自分のことが分かっていない点を指摘し、より大きな自信を持たせ、より修養の進んでいる董羅石には、万人が聖人に見えたというのは変わったことではないと説明して、もう一歩深く考えるようにさせたのです。吉田松陰の松下村塾《しょうかそんじゅく》でも、身分による分け隔てはなく門弟一人一人に適した教育を行なったといわれていますが、これも陽明学者の教育の特徴の一つです。陽明学の塾では中江藤樹でも、大塩中斎（平八郎）でも同じでした。桜下塾でもそれを目指したいと思っています。

続けて教育に関する議論があります。銭徳洪、黄正之、張叔謙、汝中の三人が会試（科挙の第二次試験。地方ごとに行なう郷試〔第一次試験〕に合格した者を都に集めて行なう試験）を受けて帰るその途次、先生に代わって講義をしたところ、信じる者信じない者、さまざまであった。このことを先生に報告すると、先生は「君たちは、自分を聖人のようにして教えたのではないか。人は聖人が来たと見れば、恐れをなして逃げてしまうものです。普通の人であると見られれば、講義もできましょう」と答えます（巻下 113）。人に教えるときの姿勢として重要なことと思います。

次に、子供の教育の在り方に関して面白いやりとりがあります。弟子の邵端峯《しょうたんほう》が「子供は格物のような高尚なことはできないので、日常の掃除やお客への挨拶の仕方などを教えればよいのではないかという説がありますが、これも一つの道ですか」と聞きます。これに対して、王陽明は、子供にも格物はできるとして、「掃除や対応も一件の物（重要なこと）であり、これを教えれば一点の良知となる」と、それぞれの段階に応じて「格物」すなわち「工夫（修業）」を行なって行くことが『大学』の道を実現することになることを説きます。

「子供でも先生や長老を尊敬するのは、これも彼らの良知によるものです。遊んでいる最中でも先生や長老が来ると恭しくお辞儀をするのは、これも格物にして良知を致したことにほかなりません。このように、子供には自ずから子供なりの格物致知があります。私がここで格物というのは、子供から聖人に至るまで、みなこのように修養することです。ただ、聖人の格物は、普通の人以上に習熟しているので容易なだけにすぎません。このような格物は、柴を売る人にもできるし、大臣でも天子でも誰もが行なうべきことなのです」と諭《さと》します。すべての人が自分の持っている良知に達することができるように修業すべきであるとされるのです。そのためには、それぞれのレベルや能力に応じてそれぞれの「格物」を行なう必要があります。しかも、それは自分の置かれた立場に従って行なう「事上磨錬」が陽明学の基本的な生き方になります（巻下 119）。

筆者も学生には自由に勉強させています。学生はそれぞれ自ら勉強すべき課題を必ず持っている、と私は考えるので、個々の自由研究を教育方針としているのです。先に述べた松下村塾の吉田松陰の教育方針もそのようなものでした。この教育方針は、大学の学部生のみならず、大学院生、桜下塾の塾生に対しても、すべてその通りです。私の先生であった三根先生、市村先生、瀬地山先生、高坂先生などもやはり自由に勉強させてくださいました。ただ、自由に勉強させるというのは、リスクも少なくはなく、そのためにはそれなりの地力が必要です。それが不足していた学生に私が手助けしなかったために、かわいそうなことをしたと思うことも少なくありません。教育は難しいものです。

薛侃が『論語』にある「上智と下愚とは移らず（変わりようがない）」という言葉について質問します。王陽明は「移れないのではなく、移ろうとしないのだ」と答えます。まったくその通りでしょう。実行しなければ、実現できないのですが、実際には難しいことなのです（巻上　110）。勉強すればわかることは、勉強すれば済むことです。実行しなければわからないことは、実行すればよいことです。「易にして簡なる」という言葉は王陽明によって常に主張されるのですが、実際にそのようなものと考えることが重要なのです。

陸澄が人との交際に関する子夏とその門人（子張）との論争（『論語』子張篇）について質問しました。子夏が「良い人とは交際してよいが、良くない人は拒絶すべきだ」と答えたのに対して、子張は「君子は賢人を尊敬するとともに一般の人をも受け入れ、善人をほめながら無能の人をもあわれむ」として拒むべきでないとの議論をしています。これに対して、王陽明は「子夏の交際は年少者の交際を言い、子張の交際は年長者の交際を言っています。うまく用いれば共に是です」と言います（巻上　111）。確かに、良い友人を得ることは一生の宝です。切磋琢磨する友人が必要です。筆者も学生時代から多くの友人に恵まれてきました。ただ、私自身は友人を選んできたようには思いません。自然に類は友を呼ぶもので、それだからこそ自ら志を持っているかどうかが重要になります。

そして、子張の言うように、年長になれば人に気に入られようと言うのではなく「淡交」が重要になります。また、お茶の世界で言う「一期一会」の覚悟がなければなりませんし、さらに多くの人の幸せのために働こうという「親民」の心が欲しいものです。それが心を「定」に至らせるのでしょう。

陽明学はこだわりのない学問で、日本の陽明学者も士農工商の区別なく教えたことが多くの人々の共感を呼んでいます。すなわち、「親民」を実践するのが陽明学なのです。

14 自在の学問

周道通という人からの手紙の中に学問の心境に関する論争があります。

道通は「伊川の弟子の謝上蔡が、『易経』にある『天下何をか思い何をか慮らん（天下の事で何も思慮するものはない）』の語について伊川に質問した時、伊川は『確かにその道理はあるが、君がそれを言うのは早すぎる』と答えています。「勉学する者は努力することを忘れてはいけません。しかし一方では、『何事も思慮しない』という無思無慮の境地を知って、両者を併せて考えてみることが大切です。もしこの境地を知らないと、孟子が言うように『正しさを求めすぎたり不自然になったりする』といった弊害が生まれます。また反対に『何も思慮しない』ことだけを心にかけて、片方の『必ず努力する』ことを怠ると、無念無想の虚無に落ちてしまうでしょう。したがって、『有』にも滞らず、『無』にも落ちない状態にあるのがよいのでしょうと議論していますが、これについてどのように考えればよいでしょうか」と問うたのに対して、王陽明は「君の議論は間違っていないが、十分に理解しているとも思えません。伊川の答えも『易経』繋辞伝の本来の意味とは少し違います。繋辞伝の『何をか思い何をか慮らん』というのは、『思うこと慮ることは、ただ一つの天理だけであって、それ以外のものは考える必要がない』という意味であって、何も考えないということではありません。『易経』にはその前に言葉があり、『結論は同じでも、そこに行く道はいろいろある、根本の趣旨は同じでも考え方は百もある』と言っています。このことを考えれば、思うこと慮ることが無いというわけではありません。心の本体は天理であり、しかも天理はただ一つです。天理は本来『寂然として動かないもの』（『易経』繋辞伝）であり、『自然に感応して天下に通じる』（同上）ものです。学問に志す者が修養をするときに、たとえ千思万慮するとしても、それはあくまでも自己本来の『体』と『用』に復帰しようとすることに他なりません。これを私意で安排思索（考慮したり配慮したり）するなら、天理に到達できません。これは『知』を私物化しているのです。『何をか思い何をか慮らん』というのは、まさに修養そのものなのです。この境地には、聖人であれば自然になれることですが、勉学途上の者には努力すべきことになります。伊川はこれを修養の結果と見なしたため、『君には早すぎる』といっているのですが、それは本質を突いていません。周濂渓が言っている『静を主とする』考えもまたこの意味なのです。あなた（手紙を送ってきた）の言葉も相当の見識があるものの、努力しないことと思慮しないことの二つがあるとしたのは間違いなのです」と答えます（巻中　導通2）。

非常に面白い議論です。ここで重要なのは、王陽明が『天理のことが分かればそれ以外に考えることは無い』と主張していることです。逆に、これが分かれば特に考え無くとも自然に行動できることになるのでしょう。『論語』の「心の欲するところにしたがいて矩《のり》を超えず」という言葉にあるように、自在の行動ができるようになるのでしょう。王陽明は、ここでその修養の姿勢を強調していますが、天理に従っているかどうかを常にチェックすべきなのです。伊川のように、『何をか思い何をか慮らん』という自在の精神を到達点として見るのではなく、王陽明のように、一生懸命勉強するのも天理によっていることを一心に考えることがそもそもの姿勢だというのは心すべき事のように思います。自在の精神を得るのは目的でなく、天理に従うことなのです。

王陽明は別のところでも、自分が勉強したとして、自らを高く見せかけようとすることを厳しく戒めています。陸澄が、「程子の言うのには、聖人が人に教えるときは、（親しみやすいように）必ず謙遜して身を低くするものであるが、賢人が説くときは、自らを引き上げて高くするものだ、と言っていますが、これはいかがでしょうか」と質問しました。これに対して、王陽明は、それは間違いだと否定します。「そうなればかえって偽りになる、聖人というのは天のようなものだ。天はどこへいっても天であって、日・月・星辰の上も天なら、九層の地下も天です。この天が自らを卑下したためしはありません。聖人は偉大にして変幻自在のものです。

一方、賢人は山岳のようなもので、それはある高みに立つものであるが、百仞《じん》（約六〇メートル）の高さを引き上げて千仞にすることはできません。千仞を引き上げて万仞にすることはできません。賢人も自己を引き上げて高くしたためしはありません、自己を引き上げて高くするようなことがあれば、それは偽りでしかありません」と厳しく諫めます（巻上　75）。

天を低くすることはできず、持っているもの以上のことを言う必要はない、と王陽明は明言するのです。現実に多くあることですが、なぜ、学者が自分の知らないことをも知っているかのように背伸びして、自分を偉く見せたいのか、私にも理解できません。特に、自分の専門外の世上の議論についても、自分が偉いということを示すように、学生に話をしているのを目にしますが、その神経を疑います。日本の学者は、もともと比叡山の学坊から出発したのだから、もっと小心であるべきと思います。もちろん、私は元官僚でしたので、この話がどのような意味を持っているかを分かっているつもりですが、王陽明からは批判されるかもしれません。

ここでの議論は「上に立つ人間」の意味になると思います。そして、高い地位にいる人については、私も父によく言われましたが、「実るほど頭を垂れる稲穂かな」という話になります。一方、大学教授などは偉そうにした方がよいという話もよく聞きました。これは「学問は権威だ」という考えによるものでしょう。しかしながら、聴講している側は話している大学教授その人よりもその人間性に関してよく知っているので、「言うだけが教授の仕事」と冷めた目で見ているのも間違いないのです。会社では「トップに立てば頭を低くしろ」ということは極めて重要なことですが、これだけでは本質をわきまえていないと王陽明は批判します。王陽明は、心の自在な人を求めるのであり、世人の小さな心を批判しているのです。

また、陸澄が、「程伊川は『喜怒哀楽がまだ発しない前の段階に中を求めてはならない』と言っています。しかし、李延平（朱子の先生）は、逆に『まだ発しない前の心の状態をよく見よ』と教えています」と質問します。王陽明は「どちらも正しい」と言います。「伊川は、人が未発の前に中を求めると、『中』をあたかも一物（全て）であると見てしまうことを恐れたのです。つまり、私の言った「気が定まる」ことをもって『中』と見てしまうことを恐れているのです。したがって、むしろ自己の涵養・省察の修養を行なうべきだと言うのです。

一方、李延平は、人々が修養するにあたって、どこから手を着けていいか迷うことを恐れているのです。したがって、人々に時時刻刻に未発の前の心の状態を求めさせ、そこを目を正して見、耳を傾けて聴くように仕向けたのです。これが『中庸』に言う『見ざるに戒慎し、聞かざるに恐懼する』。見えないところにも戒め慎み、聞こえないところにも恐れ懼しむという修養にほかなりません。両者の説き方は異なるが、どちらも人に教えるための方便の言葉なのです」（巻上　76）。

ここで、「中」とは『中庸』の「未発の中、已発の和」を示しています。すなわち、心から発する前に「中」であり、心から発した「和」である状況を儒学は人々の心のあり方の理想としていました。「中」という字は、口に棒線が入っている会意文字であり、口の中でまっすぐになっている、数を読むという意味です。もう一つには、軍旗を意味する象形文字で、これが中央にある、また右左に偏っていないという意味を示しています。ここでは、程伊川、李延平の「中」に対する考えは、本質ではなく、教えるための方便であると言うのです。この意味で、王陽明はこの話を「方便」として是認しているように思います。決して、本質と思っているように思えません。これについては、次の質問が王陽明の考えをより詳しく示すことになります。

陸澄は「喜怒哀楽の『中』『和』の全体を完成している者は常人にはおりません。しかし、小さな事柄で、当然、喜びまたは怒るべきことに出会った場合、平生は喜び怒る心はないけれど、たまたまその事柄については、その喜びや怒りがほど良いところに中《あた》ったとしたら、それを『中』とか『和』といってよろしいでしょうか」と質問します。王陽明は「ある時における事に限っていえば、それでもよいでしょう」と言います。「しかしながら、それを『大本達道』、すなわち『中庸』にいう『中は天下の大本なり、和は天下の達道なり』に当たる中和というわけにはいきません。人間の性は全て善なので、『中和』はもとから備わっているものです。ただ、常人の心は蔽い隠されているので、その本体は時々は外に出てくるものの、時として明らかで、また時として滅しているものです。本体が完全に発現するというわけではありません。元来、いついかなる時でも『中』でないことはないようであってこそ、これを『大本』といい、いかなる場合も『和』でないことがないようであってこそ、これを『達道』と言います。そして、至誠の人、すなわち聖人にしてはじめてこの『天下の大本』を立てることができるのです」と説明します。

これに対して、陸澄は「私には『中』の考えがまだよく分からないのですが」と続けます。王陽明は「これは自分で体験しなければ分かるものではなく、言葉で説明できるものではありません。『中』とは天理です」とそっけなく言います。そこで、陸澄は「天理とはなんですか」と続け、先生の「人欲を去れば天理は分かります」との答えに、「天理はどうして『中』といわれるのですか」と聞きます。先生は「偏ることがないからです」と言います。陸澄は「偏ることがないというのは、心のどういう状態をいうのですか」と突っ込みます。先生は「明鏡のようなもので、全体が澄み切っていて、少しのシミも付いていないような状態です」と答えます。さらに、「偏りがあるのはシミがあることだとすると、色を好み、利を好み、名を好むなど人欲の頂上にあるときには、まさに偏っています。しかしながら、『未発』の時には美色や名利はまだありません。その時、どうすればその偏りがあることを知ることができるのですか」と質問します。王陽明は「まだそれが出てきていなくても、平素から色を好み、利を好み、名を好む心がもとからないわけではありません。このようなことがないと言えなければ、人欲があるわけであり、そうであれば偏りはあるのです。マラリアに喩えれば、熱が時々にしか出なくとも病根を除かねば病人と言わざるを得ません。平素から色を好み、利を好み、名を好むなどの私心を掃除して水で洗い流して、わずかのものもなくし、そうして、心の全体がさっぱりとして、純粋の天理となったなら、その時こそ喜怒哀楽の『未発の中』というものであり、これこそが『天下の本体』なのです」と、厳しい姿勢を求めます（巻上 77）。

15　学者のあり方

「許魯斎（元末の朱子学者）が『儒者は生計を治めることが先決である』と言っているのは、人を誤解させるものです。生活が先にあってはいけません」（巻上 57）。実際、生活基盤がなければ、正論を主張しようとしても経済的理由によってそれを曲げてしまうことにもなりかねません。現在の学者も、大学でポストを得ることによって生計を立てているわけです。しかもその地位は憲法によって保障されています。たしかに、正論を議論するのに経済的に不安定であれば、躊躇せざるを得なくなることも少なくないでしょう。そうならないために、生計を立てる努力が必要なのは間違いないことです。しかしながら、王陽明の言うように、この議論の順序が逆になってしまえば、何にもなりません。現在の学者は、まさに許魯斎のいう『生計を立てる』件は保障されているのですが、それだからこそ、この王陽明の訓戒が重要になります。たとえば、今日の若い学者候補を見ていると、彼らはポストをとりやすい研究に流されているような気がしてなりません。思い起こせば、昔マルクス経済学全盛期に、なぜ彼らがあれほど熱心にマルクス経済学をやっているのか不思議でなりませんでした。しかし、結局は大学のポストが欲しかったからです。当時、大学ではマルクス経済学が主流派だったのです。今日の若い研究者は、近代経済学をかつてのマルクス経済学と同じように扱っているように思えてなりません。王陽明の教訓を今も生かしてほしいと思います。

陸澄が文中子（王通）について質問したのに対し、王陽明は「文中子は『聖人の要素を備えているが、微小な存在だ』（『孟子』公孫丑上）というのに当たる。残念なことに早く死んでしまった」と答えています。王陽明は文中子には思い入れがあるようです。

文中子は隋の時代の学者（五八四～六一七）で、三三歳で死んでいます。陸澄が続いて「それなのに、なぜ文中子は聖人の経典をまねて書を作ったと批判されるのでしょうか」と質問すると、「聖人の経典を擬作することが全て悪いとはいえません」というので、その理由を聞くと、しばらく考えた後で「名工の苦心は他人には理解されないものです」と言います（巻上56）。唐初期の大臣の多くが文中子の弟子であったところから「聖人の後釜を狙った」と批判されることになったのでしょう。王陽明は文中子を評価しつつ、若死にのためにその学問を完成できなかった文中子の心中を察したものです。文中子には『中説』という著書があり、それを聖人の経典の体をなしているものと見たのでしょう。優れた人でも他人に理解されずに一人悩むことがあるというのは、自分自身のことも思い併せているのでしょう。

王陽明は「名」を求めることを厳しく批判し、学問によって名声を得ようとすることを批判します。しかし、文中子が「名」を求めるためではなく、聖学に近づこうとしたのは悪いことではないと言っているのです。学者であれば、聖学を嗣ぎたいと思うのは自然なことです。また、学者はなかなか他人には理解されないものだという同じ学問を志す者としての共感を示したものです。

第8章　万物一体の仁

1　「仁」の根源

王陽明の哲学の基本は、「全ての宇宙は一体である」とする「全体論」にあります。いわゆるホーリスティック・アプローチであり、近代科学のような分析的アプローチと対照的なものとなっています。これは朱子の「事事物物」に理ありとする要素還元主義の認識論と明確な対照を示しています。朱子の認識論はデカルトの言う「心身二元論」の立場に近いものであり、近代科学の哲学と同様に、観察者が被観察物を分析して、その性質（性）を理解して「知に至る」とします。したがって、朱子は格物致知を「ものに至りて知に至る」と読ますことになります。これに対して、王陽明は「理」は「心」にあるとする「心即理」の立場に立ち、全体は不可分であることを主張します。観察者と被観察者とを分けることも認めません。

「万物一体」を説明している文があります。「程伊川のいう『萬象森然』（森羅万象が心にことごとく集まること）の時は『沖漠無朕』（心が虚静で何の動きも兆さないこと）の時です。逆に、沖漠無朕であれば万象森然です。沖漠無朕は「一」の父であり、天理と一体になることであり、万象森然は「精」の母で、天理に純粋になることです。『書経』にあるように、一の中に精があり、精の中に一があります。『書経』では「惟れ精、惟れ一」と言っています（巻上83）。

天理に純粋でおれるのは「すべてのものが一体」という認識によっているのです。

そして、儒学で最も基本的な倫理である「仁」についても、この全体論から説明することになります。すなわち、人々が仁の心を動かされるのは観察の対象を哀れむべきものであると考えるからではなく、対象と自分が一体であると認識しているからだと主張するのです。例えば、幼児が井戸に落ちそうになったときに惻隠《そくいん》（相手をいたましく思う）の情が生まれるのは、幼児と一体だからなのです。さらに、幼児が同じ人間だから一体と感じているのではなく、これが動物であっても傷をして悲しい声を上げていると哀れに思うのは、動物と一体と考えているからです。また、動物が人間に近いからではなく、植物でもそれが倒れていたら悲しく思うのも、自分と植物が一体だからであり、瓦や石でも、それが壊れていたら残念に思うのも、自分と一体だからだと言います。すなわち、「仁」が生まれるのは、観察者と対象があるためではなく、対象と自分が一体だからだというのです（巻中　顧東橋6）。

ここで重要なのは「意」がないことです。このような「一体感」は個人の私意が働いて生まれるのではなく、自然な心の動きによるものであり、何らかの作為によって生じたものではありません。「意」が働いて「仁」が生まれるのではなく、「仁」はそれ以前に生まれているのです。「仁」は人間の道ですが、それに従わなければならないという性格のものではなく、「一体」だから自然と愛情が生じて「仁」に至るのです。人の道とは、人間としての外から与えられた道徳律ではなく、万物と自分は一体であることを認識すれば、万物に対しても自分のこととして当然、「仁」が生まれるというのが王陽明の思想なのです。

たとえば、環境は生活が不快になるから守らなければならないものではなく、環境と自分は一体なので、環境が汚れていることは自分が汚れていることなのであり、自らが清く生きたいと感じているのであれば、自然に環境を守ることになるというのが王陽明の考えなのです。「環境制御」として環境を自分が住みやすいように変えることではなく、環境は自分のことなので自然と環境を守ることになります。「知行合一」も嫌なことをするのではなく、好きなことをすることだと話しましたが、自分と他人が一体であれば、あらゆることは他人のことではなく自分のことなので、分かっていることを実行しないはずはないのです。自分のことであれば、分かっておれば実行しないはずはないでしょう。体が汚れているときにお風呂に入ることと、川や道端を綺麗にするのとは同じ原理なのです。このように心が広く寛大で優しいのが陽明学の精神なのです。

万物が一体であるから、心が動かされるのです。すなわち、万物が一体だから心に「理」が存在するのであり、それが「意」になり、発せられて「行」（実践）となります。すなわち、対象として見られている物は実は自分そのものであるので、行動せざるを得ないのです。知行合一は努力して嫌なことをやるのではなく、「心の本体」が動かされているので、自然と行動になるのです。もっとも基本的なものは「人欲の排除」であり、人欲が排除されれば「万物一体の仁」が見えてきて、自然と知行は合一し、良知が致されるのです。

陽明学が一面では「革命の学」となってしまうのは、社会と自分が一体であるとの認識があるためでしょう。また、陽明学がいわゆる道徳論でもないのは、「万物一体の仁」から、「やむにやまれぬ心」として生まれてくるものであり、人々に褒められるように克己勉励して行なう類いのものではないからです。儒学の中心思想は「克己勉励」であると考える者は、まだ「万物一体」を理解していない、と王陽明は見るのです。

そして、人々が自分と対象を別のものと見ようとするのは、「人欲」があるからだ、と言います。つまり、対象を何とか利用して自分の欲望を満たす手段としようとしているから、見ているものと自分が一体であることに気が付かないのです。そこに分裂が生まれることになります。観察することは制御することと等しいことであり、「観測できること」と「制御できること」が双対関係にあることは数学的にも証明されます。すなわち、何らかの利益を求めるからこそ対象を分析し、制御の方法を模索することになります。まさに、近代の発想はこのような観察と制御の思考を作ったところに生まれたものなのです。言うまでもなく、これが今日の社会の仕組みを作り、高い効率を実現しているのです。

一方、このように考えていけば、争いや戦争も、この人欲が万物一体を分断していることから生まれているのです。「一体感」を思い起こすことで争いもなくなるのです。

今日の社会が高い効率を生むために、欲を活用し、その結果、万物一体を分断していることは、「桜下塾」でも大きな議論になりました。万物が一体であることを思い起こすことは、今日の問題を振り返る重要な手段になります。しかし、今日の社会システムの下で万物一体論で生きて行くのは難しいことであることは間違いありません。なぜなら、近代の仕組みは「万物一体の仁」を忘れさせているからです。

陽明学がいわゆる道徳や宗教でないことは、このことからも理解ができます。また、革命論や右翼思想でないことも理解できるでしょう。一般的な道徳律では「人に褒められることをしろ」とか「笑われないようにしろ」ということになります。また陽明学のキーワードである「知行合一」を「不言実行」であると理解することが少なくありません。しかし、このような発想が王陽明のものでないのは言うまでもないでしょう。王陽明においては、他人がどうするかではなく、自分が対象と一体だから知行合一なのです。

陽明学は宗教と親和性があるようには思います。しかし、万物が一体であることを「信じる」のではありません。人欲がなくなれば万物は一体であることが分かるということであって、それ自体自然なことなのです。革命論は知行合一ではありません。他人を傷つけるのは、相手と一体であると思っていないからできることです。戦前の右翼のように、一定の思想を押しつけるのも王陽明の趣旨ではありません。

歴史や民族の問題に万物一体の考えを適用すると、革命論や右翼に近い思想状況になるかもしれません。歴史や民族の問題と自分が一体であれば、それを「格物」してまっすぐにするために命を投げ出そうとするのはごく自然なことです。歴史や民族の問題を人ごとのように考えるのは、今日の大変な悪弊です。人が人たる所以は、我々を生かすために命を捧げた人のことを考えることができ、子孫のためによりよい社会を残そうとする心があることです。その心を持たない人は、人とはいえません。「死んだらそれまで」というニヒリズムは、時系列的な意味での「万物一体の仁」を持っていないことになります。

ただ、万物一体論を突き詰めてゆくと、その人は道徳的な生活をすることになります。他人と一体であれば、他人に迷惑をかけるようなことをするはずがありません。「万物一体の仁」となれば、すべての人々に仁を及ぼし、道徳の支配する社会を達成できることは間違いありません。いわゆる道徳と陽明学の違いは「意」を排しているかどうかの違いです。「意」を持って社会に迷惑をかけないのが道徳なのですが、王陽明はそれ以上のことを要求しているのです。

弟子の陸澄が「世の有様は日に日に堕落してゆきます。太古の純朴な気風はどのようにしたら今の世に再現できるのでしょうか」と質問します。王陽明は「一日も一元（一二万九六〇〇年）も同じです。人が早朝に起き、まだ何ものとも接しないでいるとき、その心は清明で、太古の伏羲の時代にいるような気になるのが通常です」と答えます（巻上　70）。王陽明のものの見方は、空間的に万物一体と見るだけでなく、時間的にも万物一体と見るのが特徴です。一三万年も一日も同じだというのはすごい話のようですが、我々が日頃、日本の古い文化に触れて同一感を持つことになるのと同じでしょう。日本が長い歴史を持っていることは、それ自身世界に誇れることですが、同時に、今日の我々が歴史に共感できる力を保持しているかという問題があるように思います。

また、世界の人々が戦禍に怯《おび》えているのを何とも思わないのが、今日の人びとの悪弊です。

橋本左内の歌に

数闕の嬌歌　緑酷を侑け
　綺羅月をむかえ、江に坐す
一片清輝の影
　澳門の白骨を照らし来るを
誰か知る

というのがあります。「いくつかの歌を歌いながら酒をかたむけ、美しい月の下で川の畔の部屋にいる。誰が知るのであろうか、この月光がマカオで白人に殺されたアジア人の白骨を照らしていることを」という意味で、これは当時、ヨーロッパ人がアジアを帝国主義的に侵略して多くのアジア人を殺して、白骨としてさらしている現実に心を巡らせている歌です。このようなことを許してよいのであろうかと嘆いているのです。このような感性が今日の日本人になくなってしまったことは悲しい気がします。

キリスト教徒が博愛を求め、仏教徒が大乗の救いを求めることも王陽明の言う「万物一体の仁」でしょう。しかし、ここでは宗教と異なり、儒学の伝統として政治によってこれを実現しようとするのが陽明学なのです。寛大で、心が広く、情熱的で、優しくて、自己犠牲的な心が王陽明の求めている人間像ではないかと思います。

陽明学が目指すところは、革命でなく、まずは身近なところに「万物一体の仁」を実現していくところにあるのです。国家に天理を実現しようとする革命論も陽明学かもしれませんが、それだけが陽明学ではありません。

「万物一体の仁」を実現していくことが陽明学なのです。環境問題でも、先に述べたように「環境を改善」するのではなく、「自らが環境と一体になる」ことが陽明学なのです。ただ、ここでもアフリカの環境ではなく、まずは身の回りの環境なのです。もちろん、地球環境や外国の環境への無関心を勧めるのではないのですが、まずは身近なことの方が「万物一体」を理解しやすく、それだけ「仁」を行ないやすいのでしょう。今日、情報技術の進展で多くのことが分かったと考えられていますが、ほんとうに分かっているわけでありません。すなわち、昔の人より分かっていないことが多いのが今日の問題なのです。

王陽明は、聖人（堯舜のような立派な君主）の心を「万物一体の仁」であるとして、彼らが人民を分け隔てなく、自分の子供のように慈しむのは、万物一体の仁を実現するためだと言います。陽明学の「平等思想」は、ヨーロッパの人権論から出てきた平等思想とは異なり、もっと根本的な精神から生まれた考えです。もちろん、王陽明の思想遍歴から見て、道教、仏教の影響もあると思います。日本でも大塩平八郎や吉田松陰などの陽明学者の徹底した平等思想、革命思想は「万物一体の仁」の考えから生まれています。私はこの「万物一体の仁」を王陽明の思想の中心に置くべきものと理解しています。

2　厚薄のある仁

ただ、万物一体の仁といっても、それには「厚薄」があると王陽明は言います。『大学』でも「仁」に厚薄があることを示しているとして、それは「道理」であると言います。たとえば、身体は一体のものですが、目や頭を守るために手足を使うのは、これは手足を軽視しようとするからではなく、自然の道理がそうなっているのである、とします。禽獣も草木も同じように愛すべき対象ですが、禽獣を養うために草木を使います。人も禽獣も同じように愛すべきものであるが、禽獣を料理して親に食べさせたり、これを祭りに供え、お客さんをもてなしたりすることは、「忍び得る」（我慢できる）ことであると言います。血縁者と路傍の人とは、どちらも愛すべきものであるが、両者共にわずかでも食べ物を食べなければ死んでしまうという危急の場合、両方に与えることができなければ、路傍の人ではなく血縁者を助けることになるのも、やはりやむを得ない、とします。このように厚薄を付けるのは「良知」による「自然の条理」

であるとします。この条理を「義」といい、この条理に従うことを「礼」といい、この条理を知ることを「智」といい、この条理を一貫させることを「信」というのである、と言います（巻下 76）。

極めて常識的ですが、面白い議論です。王陽明も決してラディカルな面ばかりではないのです。現実的な側面をも持っています。

また厚薄論は、「万物一体の仁」と墨子のいう「兼愛」とはどう違うのかとの議論にもなります。弟子の陸澄がこの墨子に関して質問しています。「程明道は『仁者は天地万物を一体としている』と言っていますが、では墨子の兼愛だって仁といえるのではないのでしょうか」と尋ねたところ、王陽明は「ここは難しいところで、諸君が自ら体認して初めて分かることです」とします。「仁」とは天地が万物を生成する道理のことであって天地にあまねく充満し、これがない場所はないのですが、これが活動して物を生ずるのは、順序次第があると説きます。たとえば冬至に一陽が見えて、次第に六陽にまで至るが、もし一陽がなければ六陽もありません。陰についても同様です。何にも出発点があるもので、木に例えると、最初の発芽は樹木の生意の発端であり、芽吹いて後、幹ができ、幹ができてから枝や葉を生じるようにして生々やむことがありません。もし芽がなければ、幹がなく、枝葉もありません。芽が出るのは、その下に根があるからで根があれば生え、なければ死ぬだけです。

父子兄弟の愛も同様に、人における生意の発端であり、樹木の発芽と同じです。この生意があって他のものの生を願う心になり、ものを愛するようになります。これは樹木の幹が出て枝葉が生じるようなものです。ところが墨子の説く「兼愛」は無差別平等愛であって、これは自分の父子兄弟を路傍の人と同じように扱うものであるから、人倫の発端というものがなく、だから芽も出ません。芽吹かなければ根はなく、これでは生命は生成できません。これをどうして仁といえましょうか。『論語』にあるように「孝弟が仁の本」であり、「仁」の理はこの父子兄弟の愛の中から出てくるものです。王陽明はこのように説明します（巻上 94）。

墨子の生涯はよく分かっていないのですが、紀元前四〇〇年くらいの思想家で、孟子より少し前の人です。墨子は「兼愛」すなわち、広く人を愛すという利他主義を唱え、「非攻説」という平和主義を説きます。経済政策的には「節用」を説いて、飢饉に備えての備蓄を強調しました。その弟子たちは「墨家」という独特の集団を作っていました。ただ、この集団は非攻説の立場から独特の平和主義を唱えるですが、決して無抵抗主義ではなく、むしろ独特の戦闘的集団でした。王陽明はこの墨子の無差別の愛を「仁」でないと言います。自分の父や兄に対する孝弟から出発するのでなければ、墨子のような無差別な愛は芽も出なければ、根も枝も生まれないとします。父子兄弟間の愛のように自然に生々するものが仁であり、「万物一体の仁」なのです。このように身近なところから始めることが「万物一体の仁」なのであり、身近なところから身近な人のために実行することが陽明学なのです。

3　簡にしてかつ易なるもの

この意味で、「万物一体の仁」という王陽明の思想は非常に面白いものです。「万物一体の仁」は「良知を致す」ことであり、人欲を排除したところから生まれるものです。妬みや私欲は当然、排除すべきとし、褒められようとすることも排除します。世間ではよく「人は褒めて使え」とか「褒めてやる気を出させよ」といい、「子供は褒めて勉強させるのがよい」と言いますが、王陽明はそれも排除します。褒めるのではなく、人と同じように喜び、悲しむことを求めているのです。人にやる気を出させるのは、一緒に共感しているからなのでしょう。子供を褒めて育てることは一つの方法ですが、もっと子供と一体になることによって育てる方法があるかもしれません。そうなると、従業員や学生を育てるのは、自分が成長するのと同じことであると考えなければならない、ということになるでしょう。おそらく、大塩平八郎や吉田松陰の塾での教育は、まさに先生が生徒と共に勉強するという場であったのでしょう。帝王学として陽明学を考える人は、「人の使い方のコツは褒めることだ」と言いますが、それは正確でないように思います。本当のコツは、その人の成長を喜ぶことだ思います。会社で社員が良い仕事をし、それが社長自身の喜びであるというとき、それこそが「万物一体の仁」であって、これによって会社が一体になるのです。褒めればよく働いてくれるという「人欲」に基づいた考えは、陽明学とは無縁のものです。

私が京都大学に来てゼミを始めたとき、学生に「しっかり勉強して私にいろいろ教えてくれ」と常に言っていました。今でも大学の学部・大学院のゼミで同じ考えでやっていますが、むしろ学生が教えてくれないので不満に思っています。「桜下塾」でも同じです。王陽明にあっては、学生と先生の区別はなく、ただ学問を追求する者しかいません。私もそのつもりで教壇に立っています。「桜下塾」でもそのような考えでやっています。

4　意のないのが「万物一体の仁」

桜下塾のちょうど入り口の所にある木が大きくなり、塾に入るのにも問題があるというので、根本から切ってしまいましたが、このことは王陽明の「万物一体の仁」に反しないかを塾生と反省を込めて議論しました。これに関連した議論が『伝習録』にあります。

薛侃という弟子が庭で花園の除草をしていたときの王陽明との問答です。薛侃が「なぜ善いものは育てにくく、悪いものは除きにくいのでしょうか」と花と草の関係を挙げて問いかけたのに対し、王陽明は「それらの善悪の判断は結局、自己の身体から発した考えであり、それ故に誤りは避けられません」と答えます。そして「天地が万物を生成する意志は、花にも草にも差別なく働き、そこに善悪の区別はありません。あって、もし草を利用したいと思う時は、草は善いとするでしょう。これらの善悪はすべて君の好き嫌いから生まれているにすぎず、それ故に誤りであることがわかります」と「万物一体の仁」論から指摘します。

薛侃が「では善悪の区別はないのですか」と反論すると「善も悪もないということは、天理が平静であるときのことで、善あり悪があるのは、気が動くときのことです。すなわち、天理に従って心が落ち着いているときには善も悪もない、気に動かされているときには善悪が生まれるのだというわけです。気に動かされないで、善も悪もなくなっておれば、これを『至善』というのです」と説明します。

まだ納得のいかない薛侃は、「仏教徒も『善もなく悪もない』と言っていますが、先生とはどう違うのですか」と聞きます。これに答えて「仏教徒は善もなく悪もないことに固執していて、いっさいの世事を放棄しているので、これでは天下を治めることはできません。それに対して聖人が『善もなく悪もない』と言ったのは、それを好悪から発するのではなく、気に動かされないのであって、天理に従っているのです」と言います。

「草が悪ではないとすると、草を抜くべきでないと言うことですね」と薛侃は続けます。王陽明は「それこそ仏教や老荘の考え方だ。草がもし他の成育を妨げているようであれば、取り除いても差しつかえないよ」と言います。薛侃は納得せず「しかしそれでは、好悪で分別することになりませんか」と突っ込みます。すると、王陽明は「好悪の分別をしないというのは、好悪が全然ないことではありません。好悪の感情を持たないとする人は単に知覚のない人だ」と言って反論します。「好悪の分別をしないということは、ただただ『理』にしたがって、一分も自分の私意を入れないことです。これが好き嫌いがないということです」と弁解します（巻上102-Ⅰ）。

薛侃が「草を取るのに、どうすれば『全く理に従い、私意によらない』ですることができるのでしょうか」と問うと、王陽明は「草が他の植物の妨げになるのなら、理においても取り去ればよいし、何かの理由ですぐに取り除けなくても気にかけてはいけません。もしそこに少しでも意識が加わると、心の本体に悪影響を与える」と言います。すると薛侃は「そうしますと、物自体に善悪はないのですか」とさらに突っ込みます。王陽明は「ただ、あなたの心にのみあります。理に従ってやることは善であり、気に動かされてやることは悪です。これは物においても同じことです」と言います。

そこで、薛侃は「それでは『大学』にあるように、美しい色を好み、悪臭を嫌悪するようにしたらいかがですか」と聞きます。王陽明は「それこそ、まさに理にかなっているというもので、天理とは本来このようにあるものです。それは、もともと私意によって好悪の分別をしないものなのだ」と答えます。薛侃はさらに「美しい色を好み、悪臭を嫌悪することが、どうして私意分別ではないのですか」と尋ねます。王陽明は「それは誠意であって、私意ではありません。誠意（『意を誠にする』）というのは天理に従うということです。心を広く持って私意を排除することが必要で、そうなれば、これこそ『心の本体』である。あなたが草を除こうとしているのは、どういう心であるか、また周茂叔が草を除かなかったこと（周茂叔は宋代の儒家で、天地が万物を作る仁と自分の心の仁も同じであると窓の外の草を抜かなかったといわれている）と比較すればよく分かる」と言います（巻上　102-Ⅱ）。

非常に面白い問答ですが、桜下塾での議論でも「いい加減ではないか」との批判がありました。「私には雑草という言葉はない」と言って庭の草を抜かせなかった昭和天皇のことを思い出します。「私意のない心に従うことは天理に従うことであり、これが誠意なのだ」という王陽明の論理はなかなか難しい議論です。ここからも分かるように、王陽明の求めるものは、いわゆる自らを律する「道徳」ではなく、行きつくところは『論語』に言う「心の欲するところにしたがいて矩《のり》を超えず」という「境地」であるように思います。我々がここから学ぶべきことは、あれこれ悩むこと自体が私意であり、その私意を排除したときにはじめて心が開かれて「万物一体」が理解できる、という考えでしょう。もう少し簡単に考えれば、自分のできることを実践してゆくことであり、そのための障害を除去する必要がある、ということになるでしょう。最初に提起した、塾の入口の木を切ったことは、どうやら許してもらえそうですが、論争は尽きないでしょう。

第9章　現代に甦る陽明学

1　日本人と陽明学

『伝習録』の「巻の上」に関して、これまで私流の解説を加えて、王陽明の提起した諸問題を考えてきました。陽明学は江戸期の日本に伝わり、日本人の「心」を育てるのに大きく寄与しました（このことは拙著『日本人の心を育てた陽明学』（恒星出版、平成一四年）で詳しく論じています）。しかし、現代社会では、この陽明学の流れはほとんど聞かなくなってしまいました。本書で見てきたように、「心即理」「知行合一」「致良知」「人欲・天理」「万物一体の仁」などのキーワードで示される陽明学の考え方は、いまの日本社会では「流行遅れの」考えになってしまっています。「人欲を排除する」というのではなく、「自分に正直に生きる」といった人欲丸出しの考えが支配的です。「心即理」と簡単に信頼するのは「アホ」ではないかといわれれば、確かにそうかもしれません。「知行合一」といっても、「そんなことはできるわけがない」と簡単にはねつけられます。今の日本社会で「良知を致す」といえば、「お人好し」としかいわれないでしょう。

しかしながら、このような状況は「日本は病んでいる」ことの証左でしかありません。我々が社会を作り、ここに「善」を実現してゆこうという考え方はごく自然なことです。我々の祖先も、そのために多大の努力を払ってきました。人は社会に生きるのであり、その人間関係の中で理想を実現しようとしてきたのを「日本型」と呼んできました。明治以降、日本は近代化を進め、近代社会・資本主義経済・近代民主主義政治といったものを導入し、欧米各国に並ぶ国家建設に成功してきました。これも「和魂洋才」として、日本人が伝統的に育ててきた心と近代的社会制度をうまく組み合わせてきたことによっています。しかしながら、戦後の日本は、敗戦の影響から、日本人の心を育てる伝統的な仕組み自体を崩壊させてしまったのです。その代わりに、資本主義経済や近代民主主義政治の基礎となっているヨーロッパの倫理を輸入したわけでもありません。その結果、「無魂洋才」になってしまったのです。最近では得意の経済も凋落して「無魂無才」になりかねない状況となっています。

王陽明が指摘するように、「心」を育てれば、「才」は自ずから付いてくることになります。これまで、日本人は明治以前に蓄積した遺産を食い潰してきたのです。そして、敗戦ですべて放棄したことによって、日本人は「心」すなわち「精神」を失ってきたのです。日本人の精神は、神道に代表される自然を大事にする「潔《きよ》い生き方」を軸として、儒学を通じて「善い生き方」、そして仏教を通じて「真なる生き方」を学んできたのです。もちろん、「近代」を欧米から輸入したとき、キリスト教やギリシア哲学を基礎とする多くの思想も輸入してきましたが、結局は日本人の「生き方」を左右するほどのものにはなりませんでした。

ここで、二一世紀の日本社会はこの「心」の再建を最大の課題とすべきことになります。『日本人の心を育てた陽明学』で示したように、日本人が学んだものをもう一度、思い出す必要があります。

2　社会と一体の個人

陽明学は儒学の一派ですので、儒学でいう「明明徳」の考えが基本にあります。すなわち、政治を軸にして社会をよくすることで、人々が救われるとするのです。そして、王陽明は「万物一体の仁」によって人々を救おうと考えました。ここでいう「一体」の対象は現在に生きている人だけではありません。「万物一体の仁」には、過去の人びとの思いや将来の子孫の幸せも含まれます。となると、善く生きるためには歴史とも一体にならなければなりません。その意味で、幕末の志士たちは、まさに「日本の歴史」と一体であり、日本社会と一体でした。

政治家の任務は、この「万物一体の仁」を軸に「親民」を実現していくことに他なりません。実業家も、会社の中で従業員と一体であることが組織運営として求められます。そして、実業家の主たる仕事は市場を通して社会に貢献することです。それ故、単に企業内での「万物一体の仁」ではなく、社会全体への「万物一体の仁」が求められるのです。社会の指導者は常に社会と一体であるからその仕事が全うできるのです。

また、多くの人がボランティア活動や社会事業を行なうのも、社会と自分が一体だと感じているからこそです。すなわち、社会のことを自分のことと考えることで「万物一体の仁」が生まれるのです。草木瓦石にまでその「仁」を及ぼそうとする王陽明の優しさは、人々が社会に生きる基本的条件です。

筆者の専門分野である経済学のような社会科学を勉強する者も同様です。社会科学者の任務は、経済社会を分析することで満足したり、金儲けにつなげたりすることではないように思います。若い経済学の研究者には論文を書くだけが経済学者の仕事と考えている者が少なくありません。学生にあっては、経済学の勉強は、単位を取って卒業する手段にすぎないと考えている者も少なくありません。社会科学は自然科学と異なり、現実の社会を改革してゆくのに有用な情報を提供するという使命を持っています。人々が経済学に期待するのは、人類の叡知を社会に生かすことであり、経済学はこれに応えなければなりません。そして、祖先の心を思いやり、将来の子孫に対する責任を感じつつ、仕事を成し遂げなければなりません。これは結局、改革を提言することになります。

しかし、社会科学者が、このような「社会改革のための提言」から逃避するだけでなく、経済・社会に対するビジョンも持ち得なくなってしまっては、何のための学問かということになります。そういう意味で社会科学は、解釈の「朱子学」ではなく、知識によって行動を起こす「陽明学」でなければならないと私は考えています。すなわち、現実の経済が矛盾に満ちているように、経済学も矛盾に満ちているのが現状です。現在の人々のみならず、過去の人々、将来の人々にも思いを馳せる「万物一体の仁」がなければ社会科学ではないように思います。『論語』（為政篇）でいうように、「学びて思わざれば、すなわち罔《くら》し」ということです。

経済学は科学であると同時に、経済全体に対する世界観を持たなければならないと私は考えています。社会を科学的に分析することは重要ですが、それだけで本当に社会科学の研究ができるかといえば、そうではありません。社会に対する深い洞察が求められます。これは学者だけでなく、政治家、実業家、官僚など社会の運営に携わる人に不可欠の仕事となります。

ベルクソンというフランスの哲学者は、全体を理解するには「分析」は無力であり、「直観」でなければならないとしています。科学は分析であり、分析のみでは全体は理解できないことになります。そこで、筆者は直観と分析をつなぐ「構想」を世界観から論理的に作り上げることが求められることを提唱しています。

ヨーロッパでは、人間を政治的動物と考えることはギリシア以来の伝統ですが、これは社会と個人は切り離せないことを意味しています。個人は社会的存在であり、社会を構成しているのです。しかしながら、現在では「社会は個人にとって与えられているもの」「社会は個人に何かをしてくれるもの」といった考えが強いようです。個人と社会が一体であることに対する認識は低くなっているように思います。社会の一員である個人が社会をよくしようとしなくては、社会はよくなりようがありません。社会がよくならなければ、個人もよくなりようがありません。

朱子学的に「修己治人」の学問をしっかりやって、社会はどうあるべきかを学び、それによって社会をよくしてゆこうという方法も重要です。しかしながら、まず最初に、社会が自分と一体であることを実感しなければ、何もできるものではありません。社会が自分と一体であることを実感するには、「行動」することが最も重要です。社会の中で行動しなければ、社会がどのようなものかを実感することはできないからです。

また、社会改革のための基本的な知識を提供する社会科学を勉強することはきわめて重要です。同時に、社会科学を勉強するには、「自分と社会は一体である」ことを認識していることが重要なのです。単に、就職や金儲けの手段として社会科学を勉強するのはあまり意味のあることではありません。医学を勉強して病気を治さないようなものです。「社会の病気」を治すのが社会科学です。もちろん、社会科学は医学ほど社会を治療するのに有効でないかもしれませんが、その限界を十分に心得て活用することが望まれます。医学が患者への投薬に慎重であるように、社会科学も社会の扱いに慎重でなければなりません。

陽明学を持ち出すまでもなく、社会の問題は人ごとではなく、自分の問題として理解しなければなりません。「政府は何をしている」といった調子の批判は、「自分は社会のために何ができるのか」という疑問に変えてほしいと思います。

3 複雑系の行動学

陽明学は「実践」を主張します。「知行合一」は陽明学の基本的なキーワードです。「行なっていない者が、なぜ知っていると言えるのであろうか」というのが王陽明の問いかけです。それ故に、王陽明の「万物一体の仁」は行動を求めます。草木瓦石に到るまで一体と考えれば、それらに対する哀れみが生まれます。それが「万物一体の仁」です。一体であれば、それを何とかしなければならないと「心」が動くのです。心が動けば、それが「行動」となり、そこに「知行合一」が実現することになります。

現代人は多くの行動をしたいと考えています。それは王陽明流に言えば、誰もが持っている「良知」がそうさせているのです。しかしながら、先に述べたように、現代人は分析は得意になりましたが、全体を直観する能力が低下しています。それは、王陽明が言うように「人欲」に呪縛されているからであり、それから逃れられない現代人は「行動」できないのです。すなわち、「心」に思っていても、これを現実のものにできないのです。

改革が進まないのは、自分が改革しようと思っていないからであり、また、それをどうすればよいかわからないのは、自分が「行動」していないからです。「行動」すれば、何が問題かがわかり、「行動」によって社会が変わるのです。「すべて良知にしたがって動いている限り、全く心配ない」と王陽明は激励します。

近代科学の方法を用いて明快な分析を行ない、「ああすればよい」「ここを変えればよい」と政策提言を行なう人はいっぱいいます。しかしながら、世は一向に変わりません。その理由は、「行動」がないからです。そして、「私が何をしても世の中は変わらない」と言い、行動している者に向かっては「世の中を知らない」と知ったかぶりをするのです。それは自分の「良知」に対する言い訳でしかありません。

しかしながら、現実に社会を変えているのは「個人」なのです。明治維新も萩の片田舎の青年、吉田松陰が始めた運動でした。日本に資本主義経済をもたらしたのは明治政府ではありません。明治政府による官営工場などの建設はありましたが、実際の推進者は渋沢栄一や五代友厚などの情熱でした。戦後日本経済を作ったのも、井深大、本田宗一郎、松下幸之助など当時の青年実業家でした。今日でも、イノベーターが新しい経済を作ろうとしています。アメリカ経済を作っているのは大企業というよりビル・ゲイツ、マイケル・デル、スティーブン・ジョッブスなどです。かつてはカーネギー、モルガンなどがイノベーターでした。こういったイノベーターが資本主義経済を作っていったのです。すなわち、個人の情熱がその根元にあるのです。

政治やビジネスの世界だけではありません。今日、多くの人が環境に関心を持っています。

しかしながら、現実に環境を改善した人は多くはありません。柳川市が水郷としての美しさを取り戻したのは、広松伝さんという公務員の努力のおかげです。かつての水郷である柳川市の川は、心ない人のためにゴミ捨て場になっていたのを、広松さんは毎日、一人で川に入って掃除を始めたのです。すると柳川の人々が一緒に掃除をするようになり、川はかつての美しさを取り戻したのです。

京都にも「鴨川を美しくする会」という活動があり、清掃作業を続けておられます。環境を改善することとは、環境に関する評論を行なうことではなく、掃除をすることです。自分と環境が一体であれば、環境を改善せざるを得ないでしょう。それは王陽明の言う「万物一体の仁」が行動を起こさせるのです。

王陽明のいう「行動」には、複雑系科学が示す「自己組織化の原理」が働きます。複雑系とは、現実の社会がそうであるように、人間関係が複雑に絡まって、誰が決めたわけではないのに、それなりの不思議な秩序を作ることになります。すなわち、複雑系はある指導者の階層的な命令や一定の因果関係で秩序が作られているのではなく、要素間関係を通じて自ら秩序を作って行く性質があります。社会や経済が組織されるのはこの原理によっています。

一人が動き、それが他の人に影響を与えれば、それがまた人を動かし、次第に全体が変わってゆくのです。すなわち、良知に従った「行動」は必ずほかの良知を持った人を動かすことになります。これが連鎖して人びとが「行動」を起こすことになると、社会が動き出すのです。

それが自らの人欲によるのではなく、王陽明が示す「万物一体の仁」によって「行動」することになります。この行動が他の人の「万物一体の仁」を引き起こし、その人を動かし、社会にイノベーションを起こしてゆくのです。こうして、一人の行動が社会を動かし、社会を大きく変えていくのです。

王陽明がこのような複雑系の行動に強い信頼を置いたのは、どんな人にも「良知」があることを悟ったからです。人というのは、他の人が良知に従った行動をするのを見れば必ず良知を動かされ、「良知を致す」ことにならざるを得なくなります。これが人を動かすことになって、社会は一つの新しい秩序を求めて動き出すのです。まず最初にあるのが個人の「良知に従った行動」なのです。

これまでの社会では組織が最重要と見なされてきました。個人が動いても何もできないというのには理由があったのです。かつては多くの産業が「収穫逓増（大は小より優れている）」という性質を活用しようと、組織の拡大を目指しました。また、情報収集に関しても組織は個人をはるかに超える能力を持っていました。そのうえ、民主主義社会では多数をもって社会の意思とすることが一般的なルールとなっています。そこで、人々は進んで会社人間になり、横並びで生活を行なうことを是としたのです。さらに、重要なことは多数を組織することであり、価値観や情報を共有することでした。このために、多数の団結を呼びかけることが「行動」となりました。しかしながら、結局、人々は多数に阿《おもね》り個人の良知による行動は消えてゆくことになります。

これは社会の構造が、たまたま単純な仕組みで運営することに向いていたことにもよります。大資本の企業では、あまり複雑なことはできません。そこで、契約によってできる限り単純化することになります。また、組織を大きくすると、そこに集結した人々の力を総合的に使えるだけでなく、多くの情報を集めることができます。これは大きな力になるのです。したがって、組織がなければ何もできないという話になっているのです。

４　時代は変化しつつある

「現実に社会を変えていくのは個人である」という話をすると、それに対して多くの人が反論します。「社会を動かすには組織が必要である、多数が必要である」ということです。「資本主義経済で資本もない貧乏人に何ができるのか」「人に与える大きな影響力もないのに何ができるのか」という反論が必ず返ってきます。

しかし、経済システムだけをみても、現実の世界で情報通信革命、金融革命が大きな変化を生んでいます。ＩＴというのは経済システムを全面的に変える大きなイノベーションの仕組みとなっています。すなわち、個人でもＩＴを使えば世界の情報を容易に入手することができます。また、ネット上で「何かの仕事をしたい」と呼びかければ、それに賛同する人たちの「コラボレーション＝協働」を引き出せます。

現実に、ITの発展に対応して、新しいタイプのベンチャー・ビジネスやSOHO（スモールオフィス・ホームオフィス）が新しい時代の方法として注目されています。アメリカではインターネットで資金と人を集め事業に成功しているのです。特にベンチャー・ビジネスについては、そのリスクを引き受けて資金を提供するベンチャー・キャピタルが多く設立されるようになっています。ネットで結びついたSOHOだと、たとえば半年働いて半年海外で生活したり、山中や離島で仕事をすることも可能になりました。これまでは会社に行かなければ仕事ができなかったのですが、ネット上で仕事ができるようになったのです。こうして、会社がすべてでない時代がすでにきています。会社へ従属するのではなく、個人の価値観にしたがって仕事をし、それが経済を変える時代になっています。個人の独創性が会社を変えて行くのです。

すでに、会社自体が独創的な人材を必要とし、会社人間を不要とし始めています。個人能力を活用しなければ会社も存続できないのです。また、会社にいても労働時間の短縮で自らの価値観を実現できる機会が拡大しています。行動の機会は広がっているのです。これらは個人のイニシャティブが基本にあり、「行動」がすべての出発点になります。

経済だけでなく、先に述べたように社会問題に関する「コラボレーション」を作ることはITの得意分野です。多くの人に共感を呼び起こす呼びかけを行ない、社会に向かって行動することはますます容易になっています。現実に、社会の中でNPOの活動が重要な役割を果たすようになっています。これまでは役所に独占されていた「公」の分野もますます「民」の手に移りつつあります。

会社員も、これまでの会社人間の時代は会社の仕事で精一杯でしたが、労働時間の短縮とともに文化・社会活動への参加が可能になり、さらにベンチャー・ビジネスやＳＯＨＯの時代となれば、人々は文化・社会活動を中心とした生き方に移行することになります。

これまでの資本主義経済の下では、資本や組織を持っている人が実際の経済を支配していました。しかしながら、インターネット社会になると、生産者は消費者の情報を持ちながら、消費者に対して「個」としての対応が可能になり、消費者も生産者の情報を持ちながら、生産者に対して「個」としての対応が可能になります。たとえば今すぐにほしいものと明日でもよいものとでは消費者にとっての価値が異なります。したがって、それを制御できるシステムを作れば、消費者の状況に応じて値段をつけることで利潤を拡大することが可能になります。

そこでは、生産者・消費者ともにマス（大衆）として市場に参加しているのではなく、ネットワーク上で「個」として参加することになります。「個」はネットワークを使い、新しいビジネス・モデルとしてイノベーションを引き起こして、常に経済システムを変化させることになります。すなわち、「個」が経済全体を動かすような仕組みができつつあるのです。

資本や組織は強力なものですが、仮にそれがなくても「個」の立場で経済社会を動かせるようになりつつあるのです。インターネットを利用すれば、特定の利害や意見に関して世界的な共通性を追求することが可能になります。これまでは国家や地方自治体がその役割を担ってきたのですが、今日ではそれが厖大なものとなり、政府機関等は機能麻痺に陥っています。これに対して、ネット上でこのような特定の問題を解決するためのネットワークを構成すれば、これらの政府機関等よりも高い機能を実現できることになります。

これまでは、「国家」という枠組みの中で、共通した価値観を実現しようとしてきました。しかしながら、ネットワーク上で多くの問題が議論できるのであれば、必ずしも政府に依存しなくても、それなりの目的を達成することができることになります。しかも、これを支えるのは、先に述べたインターネットのボランタリー精神です。ハイウベン＝ハウベンはこれを「ネティズン」と呼んでいますが、ネットワーク上での地球市民を目指すことになります。

これまで、国家にはあまりにも多くの問題を解決することが求められてきました。たとえば、個人の生活の保障とか地域の社会資本の整備といったものは、かつては国家の仕事ではありません。かつての国家の仕事は防衛、司法警察、義務教育などに限られていました。現在はさらに、雇用、不平等の解決、地域間の不均衡などさまざまな問題に対して、解決を求められることになります。

しかし、元来、国家はこのような問題を処理するのには不得手な仕組みになっています。これまでも問題が解決できなければ国民は苛立ち、それを一気に解決しようとして全体主義に陥る場合も往々にしてありました。現に、社会主義はすべてを国家管理にして、資本主義経済の問題を解決しようとしたのですが、それは不可能であることが実証されました。
これに対して、インターネットは多くの特定の問題を解決するために、情報交換を行ない、協働を引き出します。これはボランティアーを集めるための適切な方法です。すなわち、これまでは組織や政府でなければできなかった情報収集機能を持つことになります。

このように、インターネットは社会を「町」から「村」へ移行させるのです。「町」では情報交換が十分でないので、市場と権力で一律に問題を解決しようとするものです。公共的なものに限って制限を与えるが、逆にその範囲内では自由が保障されます。これに対して、「村」では情報交換が十分できるために、ボランティアーとの協働によって問題解決が図られることになります。ただし、情報がすべて知られているために、個人の自由は制限されることになります。多くの人々にとって「町」は魅力的であり、町を求めて集まりましたが、そこは市場と権力が支配する非人間的な組織でした。これに対して、インターネット社会は町の仕組みの中に村の仕組みを導入することができ、町にボランティアーと協働を持ち込むことになります。特に、インターネット社会は世界的にオープンなシステムであり、多くの可能性を生み出すことになります。

市場の原理とは、能力と競争でその社会的地位が決まることですが、インターネットの社会はそれを否定はしませんが、協働の原理を活用できることになります。そうなれば、その協働を働きかけるのは政府でも企業でもなく、個人と言うことになります。個人のボランティアー精神が世の中を変えてゆくことになるのです。

このように、経済でも社会でも、個人は自らの良知に基づいた価値観を実現できる環境が整いつつあります。新しい時代では国家や企業に過度に頼ることなく、自らの行動が自分も社会も動かしてゆけるようになっているのです。ここで、社会における価値実現のために個人の「行動」が求められることになります。同じ良知を持つ人間が共鳴することで一つの価値を実現してゆくことはすばらしいことです。「行動」は必ずしも自分がイニシャティブを取らなければならないものではありません。「良知」の「琴線」に触れるものがあれば、「行動する」というのが「良知を致す」ことになるのです。

5　好きなことをしよう

しかしながら、陽明学の主たる命題である「実践」の話になると、「私のようなものに大それた行動などはできない」という人が非常に多いのです。「知行合一」というと、「それはできる人とできない人がいる」と理路整然と反論する人がいます。それはある意味で正しいかもしれません。会社のような明確な目的をもつ小さな組織であっても、その中で分業で仕事をしていると、その会社ですら全体を理解できなくなります。桜下塾では「自分にできることを行なうのが行動」と言っています。先に述べたように、社会は一人の働きかけが他の人を巻き込んでゆくことで変わってゆくのです。

それは、王陽明流に言えば「良知を致す」ことの結果なのです。一人の人間が「良知」に従って行動すれば、それが人びとに影響を与えることになり、社会を変えてゆくのです。それでは何をすべきかといえば、王陽明は「自分が好きなことをするのが行動」だと話しています。良知は自然な精神なので、その行動を自分自身が嫌うことはありません。

『論語』にいう「之を知る者は、之を好む者にしかず。之を好む者は、之を楽しむ者にしかず」であり、好きなことであれば、どんなことでも勉強でき、楽しむことができれば、何でもできることになります。これはまた、王陽明の言う「知行合一」は「知は行から生まれる」ことを意味しており、「行動」が好きなものを探し、楽しむことを覚えさせることを指摘しています。ただ、行動が人欲によるものであれば、良知は発揮されません。ひたすら良知を求めることが基本です。良知を発揮させれば、好きなことが広がり、行動が広がるのです。

勝手気ままにすることが「好きなことをしている」のではありません。人倫に従った行動をすることが「好きなことをしている」のです。前者は人欲によるものであり、後者は天理にしたがっているからです。人欲による「好きなこと」は本当の好きなことではなく、欲望に流されているだけのことです。自分が命を懸けてもすべきことは何なのかを学問を通じて、また実践を通じて知ることが「好きなこと」を見つける基本になります。

個人の良知の行動こそが社会を切り開いてゆくのです。これまでは社会的な価値を実現しようとする場合、多数を組織し、デモをしたり陳情したりして、政治家や役人を動かして法律を整備し、社会を統一的に変えていきました。しかし、これからは個人がイニシャティブをとって行動し、その成功を通じてさらに多くの人の行動を引き出して、社会を新しい方向に自己組織化してゆくことになるのです。

今までは、組織の長になって初めて改革ができる、多数の賛同者を得て初めて改革ができるといった考えの人が多かったように思います。そこで、「まずは出世、まずは多数」との考えが常識となっていました。しかし、これで本当に改革できた人はいたのでしょうか。組織の長になるために努力し、多数の賛同者を得るために努力したものの、実際に村長になり、多数派になっても、組織や多数に媚びへつらうこととなって、改革が実現できないのが実情ではないでしょうか。

組織を中心にした社会から、自己組織化が働きやすい複雑系の社会への移行が、いま始まっています。王陽明の指摘する「知行合一」が大きな意味を持ってくる時代となるのです。会社でも大学でも、会議、会議の毎日です。しかしながら、多くの場合それは行動を導くための会議ではなく、会議のための会議でしかありません。まずは自分の領域で自らの好む方法で「行動」することです。桜下塾では、陽明学を勉強することで、これまで日本人が忘れていた「心」を考える方法を思い起こし、自分が何をするべきかをもう一度、思い出したいと議論しています。

まずは「良知」に従った行動を求めるのが、二一世紀の日本人のあり方ではないでしょうか。日本を支え、良くしようと考えるのは「良知」ですし、それは日本の伝統、日本の歴史、日本の将来に思いを至す「万物一体の仁」なのです。これを実現するのが「行動」です。できることから実践する、これが重要なのです。

よく桜下塾に関して「なぜ、塾を開いているのですか」と聞かれることが多いのですが、その質問に対しては「あなたにも率先してやってほしいからです」と答えています。「良知」に従って行動することは、社会の中で指導的な地位にある人の義務ではないかと思います。会社で若い部下が仕事ができるように指導するのは給与の範囲内のことでしょう。さらに、その部下の人格的発展を手助けをすることもその人の責務だと思います。また、そうすることによって指導する側も多くのことを勉強できるのです。江戸期における商家は丁稚《でっち》に仕事を教えただけでなく、読み書きや商売のマナーを教え、人格形成の手伝いをしていたのです。日本型経営システムの本質はこのようなところにあると思います。この意味で塾生の中に、地域や会社で読書会を始める方も出てきて非常に嬉しいことです。

現代の複雑な社会において、自分のできる範囲でこのような流れが始まれば、社会は大きく変わると思います。知識社会への移行が明らかになっている時代に、旧来の考えに拘泥しているのは滑稽でしかありません。会社人間から脱却し自らの価値観で生きることができないでいることは、もったいないことだと思います。

6　現代に甦る陽明学

筆者が桜下塾を開いて共に「陽明学」を勉強しようと思い立ったのは、「陽明学」が今日の日本にとってきわめて重要な役割を果たすものと考えたからです。すなわち、今日、日本は「経済大国」となり国民は非常に豊かな生活を送っています。しかしながら、そこに欠如しているのが「心」です。今日、多くの人が「心」の重要性を主張するのですが、実際に何かをしようとしているわけではなく、また「心」を育てるための思想といったものを学ぼうとしているわけではありません。経済的なものに反発する人たちに受けようという「人欲」から発しているものも少なくありません。天理に従うという「心」の重要性を強調してきたのが儒学ですが、その中でも「陽明学」は特に「心」を強調しています。「万物一体の仁」という考えは、まさに「心」を軸にした世界観を作りあげようとするものです。

次に現代の日本に欠如しているものは「行動」です。一億総評論家という時代にあって、求められるのは実践する者です。実践がなければ世はよくならないのは当たり前です。

経済大国として「世界最強の経済システム」と自慢していた日本経済も、バブル崩壊後一五年間も全くその威力を失ってしまいました。理由は簡単です。改革する人がいなかったからです。バブル崩壊後の日本経済がこのような長期の不況になったのは、政府の責任ではなく、バブル経済を引き起こしたビジネスマンの責任でした。そして、この不況から脱却するためには、ビジネスの本来の姿に戻すしか方法がありません。この間、人々はリスクを避けるために政府が保証している銀行の預金を増やし、その銀行は責任をとりたくないので国債を買っていました。政治家は財政資金を景気回復のためと言って地域住民にばらまいてきました。これで経済がよくなるはずがありません。

一方、企業においては、すでに時代遅れになっている日本型経営システム、その中でも特に人事システムや情報システムの改革によって競争力を強化することが重要になっていました。また、ベンチャーやＳＯＨＯなど、市場を通じて経済システムの改革に挑戦することも重要です。このように市場を通じて改革に挑戦する者が出てきて初めて資本主義経済はその威力を発揮できるのです。ただし、それが「人欲」になってはなりません。石田梅岩も言うように、商売は「人欲」を排除することから始まります。

これは必ずしも経営者でなくてもできることです。すなわち、事業をしたい人（ベンチャー）に投資すればよいのです。銀行に預金するよりも、この方がはるかに景気浮揚につながります。そして、リスクを背負っても、新たな仕事をしようとする人を支援することが基本になります。それは誰にでもできる実践です。

もちろん、政治の世界も実践が全てです。政治が悪いと多くの人が言いますが、それは誠実な政治家を選んでこなかったからであって、そのことに対して、特に、社会の中堅以上の人は非常に責任が重いと思います。異常な政治状況が長年続くのも、すべて私たち、一人一人の責任で「私には関わりのないこと」と言い逃れはできないのです。

「桜下塾」でも、経営者や政治家を非難する前に自分でやるべきことがあるだろうと、その勉強のために多くの人が集まってきています。もっとも、塾生の中からも政治に志す若い人が出てきたのも嬉しいことです。

まさに現代の日本で、そういった実践が求められているのです。「心」を軸に、「行動」が社会原理となること、それは現代の日本に「陽明学」が甦ることを意味しています。そして、そのような運動が起こることによって社会が変わり、経済が変わり、我々自身が変わっていくのです。我々は、固定された小さな自分の中だけで生きてゆくことを本当は望んでいるわけではありません。王陽明から学ぶべきことは、自由で柔軟な思考の中で、良知を実践することだと思います。本書がそのような行動と変化のきっかけとなれば、本書の目的が達成されたと思います。筆者として、これに過ぐる喜びはありません。

あとがき

陽明学の勉強会である桜下塾を始めて一〇年がたちました。王陽明の『伝習録』をテキストにして、塾生とともに多くのものを学んできました。これは自分の人生観にも大きな影響を与えるものです。もともとこの塾の基本的な目的は陽明学の勉強だけでなく、私の研究の一つの柱として位置付けている「二一世紀の日本人の精神のあり方」に関する研究の一環として取り組んできました。「日本人の精神」を再構築するために、哲学者や政治思想の専門家を集めて「二一世紀の日本人の精神のあり方に関する研究会」という長い名前の研究会を行なってきましたが、その中でも陽明学は筆者の貢献できる重要な視点になっていると考えています。この研究会は、今日の日本人が忘れてしまったものを取り返す運動を始めたいという考えによっています。王陽明のような大哲学者の書物に注釈・解釈を加えようという無謀な試みは、二一世紀の日本人の精神のあり方をどのように復活するかを考え、実践するために行なったものです。

このような歴史的にも偉大な学問を現代に生かすために浅学非才な筆者が本書に挑戦したのも、国際陽明学会でお付き合いいただいた当時、久留米大学の福田殖先生が「陽明学を生き返らすには我々がいくらやっても限界がある、あなたのような社会を理解している方がやってもらわなければ生きてこない」と言われて、大いに勇気づけられたことにありました。また、その研究会でご一緒して多くのお教えを受けた岡田武彦先生、吉田公平先生からもいわゆる専門家集団の外から議論されることを歓迎するお話をいただいて意を強くしたことによっています。

本書では、一〇年の期間の前半に桜下塾で議論した『伝習録』の「巻の上」に関連した部分をまとめました。「巻の上」は王陽明にとって比較的若いときの議論ですので、必ずしも成熟したものではありません。しかしながら、それだけ意欲的な発言が多く、王陽明の理解、また、自分の研鑽にとっても意味があると考えてまとめました。今後、巻中・巻下を読み進めていずれ出版にまでもってゆきたいと考えています。

本書では日本人にとっての陽明学についてあまり論究していません（これについては『日本人の心を育てた陽明学』〈恒星出版、平成一四年〉を参照してください）。日本人が陽明学を導入し、特に、武士階級が自らの社会的位置付けに誠心誠意、努力したことを考えなければなりません。もちろん、彼らの精神的基盤には神道や仏教の思想があり、彼らはむしろ神・仏・儒三者の融合に腐心したのです。すなわち、当時の「武士としての精神のあり方」を独自の解釈に求めたのです。日本人は「教義」をそのまま受け入れるのではなく、自らの真摯な生き方を求めるために、その「考え」を受け入れたように思います。したがって、日本の儒学は果たして儒学かという問題も起こってきます。彼らにとって重要なのは儒学の教義に従うのではなく、武士としていかに生きるかであったのです。

現代の日本人である我々も自由な立場で陽明学を読むべきと思います。すなわち、陽明学が教える「心」こそが現代日本人の最大の忘れ物なのです。この忘れ物を取り返し、現代に陽明学が甦らせることこそ、日本人が再び日本人らしさを取り戻して、世界に貢献できる民族になりうるのだと考えます。民族が民族たる所以はそこに「精神」があるからで、それによって人間は人間たりうることになります。

筆者が本書を執筆したのは、伝統的な儒学を学問として勉強すべきだという考えからだけでなく、二一世紀の日本人の精神のあり方として、陽明学を日本に再び甦らせることが必要である、と考えたからでした。したがって、この書籍を「陽明学の注解書」としてではなく、「陽明学を通じて現代の精神を考える書」として読んでいただければ幸いです。

なお、桜下塾のテキストとして近藤康信著『伝習録』（明治書院）を用いました。そのため、近藤氏の解釈に近いものがあるかもしれません。私としては、可能な限り独自の解釈を行なうと努めましたが、その解釈ならびに背景の解説をも含めて、近藤氏からテキストを通じて大いなる学恩を蒙りました。ここに記して、あつく御礼申し上げます。

最後に本書の出版を紹介いただいた麗澤大学の堀出一郎教授、出版企画をしていただいた同大学出版会の故多田敏雄氏及び西脇禮門氏に感謝申し上げます。多田氏が逝去されたことには驚きました。深く御冥福をお祈りします。現代ではこのような出版の難しい本書を出版していただき感謝に堪えません。

また、草稿の段階で読んでいただき、多くのコメントをいただいた桜下塾の参加者の安原徹公認会計士、村上孝雄君に感謝申し上げます。

本書は、麗澤大学出版会で出版されていましたが、その後、品切れとなっていました。この度、晃洋書房より本書の続編にあたる『現代に活かす陽明学――『伝習録』（巻の中）を読む　桜下塾講義録』、『現代に生きる陽明学――『伝習録』（巻の下）を読む　桜下塾講義録』を出版するにあたり、改めて出版する運びとなりました。出版にあたっては、麗澤大学出版会に格別のご配慮をいただいたことをここに記し、御礼申し上げます。

《著者紹介》
吉 田 和 男（よしだ　かずお）
1948年　大阪府生まれ
1971年　京都大学経済学部卒業・大蔵省入省
1983年　主計局主査
1988年　京都大学経済学部教授
2006年　京都大学経営管理大学院長
現　在　京都大学名誉教授

主要著書
『日本の財政金融政策』（東洋経済新報社，1980年）
『日本経済の活力と企業行動』（東洋経済新報社，1985年）
『日本型経営システムの功罪』（東洋経済新報社，1993年）
『日本財政論』（京都大学学術出版会，1995年）
『安全保障の経済分析』（日本経済新聞社，1996年）
など多数

現代に甦る陽明学
――『伝習録』（巻の上）を読む　桜下塾講義録――

2020年 8 月30日　初版第 1 刷発行　　＊定価はカバーに表示してあります

著　者　吉　田　和　男©
発行者　萩　原　淳　平
印刷者　栗　田　真　宏

発行所　株式会社　晃　洋　書　房
〒615-0026　京都市右京区西院北矢掛町 7 番地
電話　075(312)0788番(代)
振替口座　01040-6-32280

装丁　野 田 和 浩　　印刷・製本　東光整版印刷㈱

ISBN978-4-7710-3381-8